Edition Paashaas Verlag

EPV

Autorin: Raymonde Graber-Schiltz
Originalausgabe Februar 2020
Covermotiv: Pixabay.com
Cover designed by Michael Frädrich

www.verlag-epv.de

ISBN: 978-3-96174-055-0

Die Handlung der Geschichten ist frei erfunden.
Sollte ein Ereignis oder ein Name im Buch erscheinen, welches bzw. welcher auf jemanden zutrifft, ist das ungewollter Zufall. Die Haftung jeglicher Art wird abgelehnt.

Die Deutsche Nationalbibliothek verzeichnet diese Publikation in der Deutschen Nationalbibliografie; detaillierte bibliografische Daten sind im Internet über http://dnb.d-nb.de abrufbar.

Wie das Leben so spielt

Geschichten zum
Schmunzeln und Nachdenken

Inhaltsübersicht

Einladung von Fred

Eines Tages flatterte ein Brief ins Haus von meinem früheren Freund Fred. Das konnte ich am Absender erkennen. So eine Überraschung, ich hatte schon einige Jahre nichts mehr von ihm gehört. Ich riss den Brief mit zitternden Fingern auf und staunte.
Eine Einladung zu seinem Geburtstag kam zum Vorschein. Er wurde vierzig Jahre alt, wer hätte das gedacht. Ein Foto in schwarzweiß war aufgedruckt, er als Schuljunge und daneben ein Bild wie er jetzt aussah. Ich betrachtete lange sein markantes Gesicht, das ich anders in Erinnerung hatte. Kann ein Mensch sich so verändern? Bestimmt lag es an der modernen Frisur.
Die Feier würde bei ihm zu Hause stattfinden. Wahrscheinlich macht er ein Barbecue, sinnierte ich, denn es stand sonst nichts auf der Einladung. Ich notierte das Datum in meinem Handy und war sehr gespannt, wen er noch eingeladen hatte. Freunde und vor allem viele Freundinnen hatte Sonnyboy Fred immer gehabt.
Ich überlegte, ob ich meinen Freund mitnehmen sollte. Am Abend fragte ich ihn, aber er musste ausgerechnet an dem Tag arbeiten.
„Geh du doch hin“, sagte er fröhlich, „sonst wird es dir noch langweilig, so allein zu Hause.“
Ich küsste ihn zärtlich. Naja, langweilig wird mir nie, ich habe immer zu tun, dachte ich lächelnd.

Am letzten Tag im August war der Tag gekommen. Ich zog zu den Jeans meine weiße Bluse an. Ein Blick in den

Spiegel – ich befand mich für gut. Zur Feier des Tages legte ich Schmuck an, den mein Freund mir mal geschenkt hatte. Er würde sagen: „Schatz, du siehst blendend aus mit deinen blonden Haaren.“ Hach, ich liebe seine Komplimente, nur schade, dass er jetzt nicht da war.
Mit dem Bus fuhr ich nun zu Fred, in freudiger Erwartung der Dinge ... Ich hoffte, das Haus rasch zu finden, denn die Sonne brannte ganz schön vom Himmel herunter. Mir war extrem heiß.
An der Haltestelle, die mein Handy mir vorgab, stieg ich aus. Das Navi zeigte noch fünfzig Meter an. Kein Problem, dachte ich.
Ich hatte mir ein modernes Haus mit Garten und Wiese vorgestellt, sah aber nirgends ein solches Haus in der Straße, das in Frage kam. Die Hausnummer passte auch nicht, denn die genannte Nummer 11 war ein Pflegeheim. Ich spazierte eine Weile hin und her. Dabei sah ich Menschen auf der Terrasse unter den riesigen Sonnenschirmen sitzen. Ich bekam Durst und ging zu der Cafeteria vom Heim hinüber und holte mir ein kühles Wasser. Die Menschen begrüßten mich freundlich.
„Ist hier noch frei?“, fragte ich etwas unsicher.
„Klar ist hier frei“, antwortete jemand.
Endlich konnte ich meinen Beinen etwas Ruhe gönnen. Ich sah auf die Uhr, bald war es Mittag. Ich hörte Stimmen um die Ecke. Wahrscheinlich bekommen die Heimbewohner ihr Mittagessen, dachte ich. Ein köstlicher Essensgeruch lag in der Luft. Ich stand auf und ging mal nachsehen.
In meinem ganzen Leben habe ich noch nie so gestaunt, da saßen Leute im Rollstuhl fröhlich zusammen. Frauen und

Männer. Einige standen um einen großen Holzgrill herum, um Steaks und Würste auf der heißen Glut hin und her zu wenden.
Jemand rief meinen Namen: „Rosa wo bleibst du denn? Ich habe dich schon vermisst."
Ich sah umher, um herauszufinden, wo die Stimme herkam. Dann bemerkte ich Fred ...
Er saß in einem Rollstuhl, lachte und sah mich an.
Mein Gott, der Frauenheld Fred im Rollstuhl. Ich atmete tief ein. Dann ging ich zu ihm.
„Ich freue mich, dich zu sehen, Rosa. Du bist schön und chic wie immer. Wie machst du das bloß?"
Ich schüttelte ihm die Hand, es hatte mir die Sprache verschlagen. Wer rechnet schon mit solch einem Empfang?
„Komm, setz dich, was willst du trinken? Wir haben auch verschiedene Salate zur Auswahl und wie du siehst, gibt es Gebratenes in allen Variationen. Magst du immer noch Poulet-Schenkel so gern?"
„Ja, Fred, ich esse eigentlich alles, außer Würmern und so."
Fred lachte schallend. „Komm, setz dich zu mir, ich glaube, wir haben uns viel zu erzählen. Aber erst musst du essen, du hast sicher Hunger und Durst." Fred fing an, mir seine Gäste vorzustellen. Diese kamen aus allen Gegenden. Ich schüttelte unzählige Hände.
„Weißt du, Rosa, ich habe alle Bekannten zu meinem Geburtstag eingeladen, damit die Leute endlich wissen, wo ich jetzt wohne. Nach meinem Motorradunfall war ich sehr lange im Krankenhaus. Als die mich dort nicht mehr wollten, siedelte ich hierhin um. Ich werde nie mehr laufen

können, aber ich habe die Depression überwunden, die mich fast in den Wahnsinn getrieben hätte. Ich bewege mich nun auf vier Rädern, das ist doch besser als gar nichts." Fred lächelte fast schelmisch. „Sorry, nun habe ich dich doch vom Essen ferngehalten. Komm, wir holen uns einige Köstlichkeiten, falls die Meute noch etwas übriggelassen hat."

Das Essen war der Hammer, genau richtig bei dem schönen Wetter.

„Sag mal, was hättest du gemacht, wenn es geregnet hätte?"

„Ach, dann wären bestimmt nicht alle gekommen, und drinnen sitzt man auch schön gemütlich."

„Das glaube ich dir gern", lächelte ich. „Da ich nun weiß, wo du zu finden bist, kann ich dich öfters besuchen."

„Das würde mich sehr freuen ..." Er sah mich etwas wehmütig an. Dann strahlten seine Augen wieder. „Habe ich dir das schon erzählt? Ich habe eine Single aufgenommen – ja, ich singe jetzt. Es kommt oft ein Chor ins Heim, um die Bewohner aufzuheitern. Naja, ich habe dann mal mitgesungen und wurde sozusagen von der Chorleiterin entdeckt."

„Das freut mich für dich, du bist bestimmt sehr stolz, wo kann ich mir denn so eine CD kaufen?"

„Die gibt es auch drinnen am Tresen. Ich hoffe sehr, viele zu verkaufen, denn das Heim ist nicht billig. Auch wenn die Krankenkasse einen Teil übernimmt, reicht das Geld nicht."

„Ich kann ja auf Facebook für dich werben."

Fred lachte und zeigte wieder sein wunderschönes

Zahnpasta-Lächeln. „Gute Idee, ich danke dir, Rosa. Nun muss ich mich aber noch ein wenig um die anderen Gäste kümmern. Bis nachher, du bleibst doch hoffentlich, es wird noch ein Eisbecher serviert. Den magst du doch?“ Und schon rollte er grinsend davon.
Ich ging in die Cafeteria und fragte nach der CD von Fred. Die Betreuerin war sehr freundlich. „Wollen Sie mal reinhören? Ich habe sie auf meinem Handy gespeichert.“
Das wollte ich gern. Eine leise Melodie ertönte. Dann sang Fred. Ich musste mich hinsetzen, so ergriffen war ich von dem Lied. Einfach sensationell.
Natürlich kaufte ich nicht nur eine einzige CD. Ich wollte eine mega Werbung starten. Auch erfuhr ich, dass die Chorleiterin und Fred ineinander verliebt waren. Ich gönnte ihm diese Liebe von Herzen.
Ob das Leben von Fred so verlaufen wäre, wenn er keinen Unfall gehabt hätte? Das steht in den Sternen.

Frühstück bei Steffi

Fünf Uhr früh. Ein Hahn krähte so laut er nur konnte.
Mary zog die Decke über den Kopf und grummelte etwas im Halbschlaf. Kaum war sie wieder eingenickt, riss sie ein lautes Brummen aus ihren Träumen.
„Natürlich, der Nachbar mit dem Rasenmäher! Wer sonst arbeitet so früh an einem Samstag, ich wollte ja unbedingt aufs Land umziehen“, murrte Mary. „Aber jetzt brauche ich zuerst einen Kaffee.“
Sie schwang ihre langen Beine aus dem Bett und trippelte barfuß zur Küche. Das Telefon schrillte in diesem Moment.
„Hey, Mary, hast du ausgeschlafen?“ Eine Antwort wartete der Anrufer erst gar nicht ab, sondern redete munter weiter. „Wie wäre es mit Frühstück bei Steffi? Ich hole dich ab.“
Es klang ja fast wie ein Befehl.
Mary räusperte sich: „Guten Morgen, Reto, okay, gib mir eine halbe Stunde.“
„Wer um Himmels Willen ist Steffi? Die kenne ich gar nicht“, flüsterte sie etwas verwundert.
Pünktlich fuhr Reto mit seinem Geländewagen vor. Er stieg aus und begrüsste seine Freundin fröhlich mit einem zärtlichen Kuss auf die Stirn. Mary lächelte, sie war gespannt, wohin Reto sie entführen wollte.
„Ach, ist das schön, Sonne, Ferien und mein Schatz dabei, du siehst übrigens bezaubernd aus“, rief er begeistert, während er den Motor wieder startete.
Marys Gesichtszüge entspannten sich etwas. Sie war erst vor einigen Wochen in das schmucke Dorf gezogen, ihre

Stadtwohnung hatte ihr einfach nicht mehr gefallen, es gab zu viel negative Erinnerungen ... Nach einer komplizierten Liebesbeziehung hatte sie fast einen Nervenzusammenbruch erlitten.

Vom Dorf aus konnte sie bequem per Bus ihre Arbeitsstelle erreichen.
Den sympathischen Reto kannte sie noch nicht lange, erst seit dem Frühlingsfest, als er sie zum Tanzen aufgefordert hatte. Er tanzte wundervoll. Irgendwie auch deswegen hatte sie sich sofort verknallt.
Sein markantes Gesicht, die blauen Augen, seine Fröhlichkeit – es gefiel ihr einfach alles an diesem Mann. So hatte sie sich ihren Lebenspartner eigentlich immer vorgestellt.
Es muss Schicksal gewesen sein, ihm zu begegnen.
Marys Exfreund hatte sie nach Strich und Faden betrogen. Darum wollte sie es langsam angehen mit der neuen Freundschaft, nicht gleich alles überstürzen. Ihr Bauchgefühl riet ihr aber, Reto nie mehr gehen zu lassen.
Sie wünschte sich Kinder und ein gemütliches Zuhause, was sie selber nie hatte. Denn sie war in einem Heim groß geworden.

Mary hatte noch gar keine Ahnung, was und wo Reto arbeitete, auch wusste sie nicht, wo er wohnte. Sie kannte nur seine Handynummer, die hatte er ihr freudig beim Tanzfest auf ihren Arm geschrieben. Die verschnörkelten Ziffern glichen einem lustigen Tattoo.
Während der Fahrt redeten sie nicht viel, denn Reto

musste sich auf die enge Straße konzentrieren, die steil bergauf führte.

Wie aus dem Nichts tauchte plötzlich ein Rastplatz auf. Reto bog von der Straße ab und parkte den Wagen unter einem Kastanienbaum, der etwas Schatten spendete.

„Du hast doch bestimmt Durst?“, meinte er und sah ihr tief in die Augen.

„Ja, du hast recht, ich habe in der Eile nicht mal Kaffee getrunken. Ohne den Koffeinkick gehe ich sonst nie aus dem Haus.“

Er nahm lachend ihre Hand und schlenderte mit ihr zum Eingang von Steffis Imbiss.

„Komm, mein Schatz, nimm Platz, was soll ich dir holen? Hunger hast du doch bestimmt auch.“

„Klar, ich habe Hunger wie ein Bär.“

Reto lächelte amüsiert. „Dann setz dich hin und warte bitte hier.“

Er ging zum Tresen, umarmte eine bestaussehende Frau sehr herzlich und flüsterte ihr etwas zu. Diese nickte und verschwand sofort in der Küche. Sie kehrte bald darauf wieder zurück und reichte Reto ein großes Tablett, beladen mit frischen Brötchen, Butter, Käse, Eiern und einer Schale mit verschiedenen leckeren Früchten garniert. Dieses Frühstück war die exklusive Luxusvariante des Hauses.

Mary staunte nicht schlecht, als ihr Freund das Tablett gekonnt mit einer Hand zu ihrem Tisch balancierte und es mit Schwung hinstellte, ohne dass der Kaffee überschwappte.

„Guten Appetit, meine liebe Mary, greif zu“, sagte er mit

gedämpfter Stimme und setzte sich gut gelaunt zu ihr.
„Hm, das sieht ja fantastisch aus.“ Mary schnitt ein Vollkornbrötchen auf, bestrich es mit Butter und legte eine Käsescheibe dazwischen.
„Nun musst du mir von dir erzählen, ich kenne dich ja noch gar nicht so richtig“, sagte sie kleinlaut.
Hungrig biss sie in das Brötchen.
Reto lachte wieder und griff in seine Hosentasche. „Hier ist mein Ausweis, du darfst gern ein Foto machen davon, ... noch Fragen?“
„Ja, warum schaut diese Steffi denn andauernd zu uns rüber, ist sie eine Freundin von dir?“
Nun lachte Reto. „Wie kommst du denn darauf? Sie bewundert ganz bestimmt nur dich, denn du siehst einfach fabelhaft aus.“
„Danke, du Schmeichler, das Frühstück schmeckt mir übrigens ausgezeichnet. Es ist wirklich sehr gemütlich hier.“
Eine weiße Vase, gefüllt mit wunderschönen Rosen, stand auf dem Tresen. Menschen, die Blumen mögen, sind gute Menschen, dachte Mary verträumt.
Der Tresen glich einem riesigen Halbmond, um den die Gäste saßen und sich bedienen ließen. Es wurde viel geredet und gelacht, natürlich auch gegessen und getrunken.

Da Mary einen Einkaufsbummel mit ihrer Freundin geplant hatte, brachte Reto sie einige Stunden später in die Stadt.
„Soll ich euch begleiten?“, fragte er grinsend.

„Nein, nein, das schaffen wir schon. Du sagtest doch, dass du noch einiges an Büroarbeiten zu erledigen hast."
„Ja, stimmt, aber wir könnten uns am Abend wieder treffen, damit wir uns noch besser kennenlernen. Was meinst du dazu? Ich koche uns was Feines, du weißt ja nun, wo ich wohne. Soll ich dich abholen?"
„Ich komme gern und nein danke, ich fahre mit dem Bus zurück. Die paar Schritte bis zu deiner Wohnung, werden mir guttun."
„Okay, das freut mich. Ich verschwinde dann. Komm, lass dich umarmen."
Sie wehrte sich nicht dagegen, seine Berührung tat gut. Sie spürte wie eine feine Röte ihr Gesicht bedeckte, darum drehte sie sich schnell um, winkte fröhlich und ging los.

Mary traf ihre Freundin wie verabredet im Kaufhaus.
„Hey, ich habe gehört, du warst bei Steffi, wie gefällt es dir dort?"
„Das Essen war sehr gut", gab Mary zur Antwort.
Sie überlegte angestrengt: Woher weiß die das denn schon? Anscheinend ist diese Steffi sehr bekannt in der Gegend. Oder wollte ihre Freundin auf Reto anspielen? Sie sah im Geiste vor sich, wie Reto mit Steffi flüsterte, als er die Bestellung fürs Frühstück aufgegeben hatte und ganz plötzlich stieg Eifersucht bei ihr hoch. Na bravo, nun bin ich auch noch eifersüchtig auf diese Steffi und einen Mann, den ich kaum kenne. Irgendwie war ihre gute Laune verflogen.
„Mir geht es plötzlich nicht so gut," entschuldigte sie sich bei ihrer Freundin. „Verschieben wir doch unsere

Shoppingtour."
„Oh, das tut mir leid, dann treffen wir uns lieber nächste Woche wieder, so macht es keinen Spaß. Ich wünsche dir gute Besserung, meine Liebe."
„Aufgeschoben ist nicht aufgehoben, bis bald."

Mary ging noch ein paar Lebensmittel einkaufen und erstand eine Flasche Rotwein. Den Wein wollte sie am Abend zu ihrer Verabredung mit Reto mitnehmen.
Der Kassierer sagte lächelnd: „Ich habe sie zufällig heute Morgen gesehen, das Frühstück ist einmalig bei Steffi, nicht wahr?"
„Sehr fein, ja", hauchte Mary erstaunt.
Ich höre immer nur den Namen Steffi, dachte sie, das muss ja ein Wunderweib sein.
Zu Hause bekam sie ein Anfall von Putzwut – wie immer, wenn sie sich über etwas aufregte.

Am Abend war sie ruhiger geworden. Sie zog sich um und machte sich auf den Weg. Sie war inzwischen sehr gespannt auf ihr Date.
Der junge Mann empfing sie fröhlich, küsste sie freundschaftlich und bedankte sich herzlich für den Wein, sagte aber schnell: „Verzeih bitte, ich muss in die Küche nach dem Rechten sehen, geh doch einfach geradeaus ins Wohnzimmer und mach es dir bequem, ich bringe dir gleich einen kühlen Aperitif."
Mary staunte nicht schlecht.
Den Tisch hatte Reto ganz exquisit gedeckt, wie in einem Sterne-Restaurant. Drei silberne Platzteller und zu einem

Fächer gefaltete Servietten lagen bereit. Drei Gedecke, dachte Mary erstaunt. Er glaubte doch sicher nicht, dass ich meine Freundin mitbringen wollte.

Ein Kerzenständer aus glitzerndem Kristall stand auf dem runden Tisch, die hellblauen Kerzen spendeten sanftes Licht. Ein Gesteck mit farbigen Rosen schmückte das weiße Tischtuch, ihr feiner Duft vermischte sich mit dem appetitanregenden Geruch, der aus der Küche kam.

Mary nahm auf dem Sofa Platz und bewunderte die geschmackvolle Einrichtung.

Der Gastgeber rief: „Ich bin gleich bei dir, nur noch zwei Minuten."

Die Türglocke erklang in dem Moment.

Gedämpfte Stimmen ertönten vom Flur her.

Plötzlich stand Steffi vor ihr, die Steffi aus Steffis Imbiss.

Sie trug ein enges feuerrotes Kleid mit tiefem Ausschnitt.

Die Frau streckte ihr zur Begrüßung die Hand entgegen.

Mary erstarrte förmlich, sie vergaß ihre guten Manieren, der Schock war einfach zu groß, sie schnappte ihre Handtasche und rannte einfach an Steffi vorbei, hinaus an die frische Luft. Eine maßlose Traurigkeit durchströmte sie.

Steffi ist die Freundin von Reto, ... etwas anderes konnte sie nicht denken.

Sie lief nach Hause und warf sich weinend aufs Bett. Ein Dinner zu dritt, was hatte der Mensch sich nur dabei gedacht?

Im Traum sah sie Reto und sich, Hand in Hand am Strand sitzend und verträumt den schäumenden Wellen zuschauen, in dem Rauschen ertönte immer wieder ein

Name: „Steffi, Steffi, Steffi“ ... Mary wälzte sich hin und her, bis sie schweißgebadet aufwachte.

Am Sonntagmorgen stand Reto mit einem riesigen Blumenstrauß vor ihrer Tür. „Wie geht es dir? Du siehst etwas blass aus.“

Mary war froh, dass er nicht gleich fragte, warum sie einfach so davon gestürmt war. Sie bat ihn in die Wohnung, dann sah sie ihn traurig an: „Ich wusste nicht, dass Steffi deine Freundin ist“, stotterte sie, „du bist so nett zu mir gewesen, aber als sie bei dir auftauchte, merkte ich, dass ich mir falsche Hoffnungen gemacht hatte. Ich weiß selber nicht was mit mir geschah.“

Reto musste sich setzen.

„Bitte stell die Blumen ins Wasser, sonst lassen sie den Kopf auch noch hängen. Und nun komm zu mir, ich merke, ich bin schuld an deinem Kummer.“

Zögernd nahm Mary Platz und sah Reto beschämt an. „Ich habe den Verdacht, dass du etwas nicht gewusst hast“, begann er. „Also, ich bin kein Casanova und jeder Mensch weiß, dass ich meine Mutter mit ihrem Vornamen anrede. Ich dachte, wir hätten darüber gesprochen, bitte verzeih mir.“

„Deine Mutter ... Steffi ist deine Mama? Aber sie sieht doch so jung aus, das kann doch gar nicht sein.“

„Doch, sie war noch sehr jung als ich geboren wurde. Mein Vater war damals Student, er wollte nicht heiraten und ist einfach abgehauen. Verstehst du nun? Ich hasse meinen Vater nicht, ich will ihn aber auch gar nicht kennenlernen. Meine Mutter liebe ich sehr, sie hat ihr Leben lang

geschuftet, um mir mein Studium zu ermöglichen."
Mary holte tief Luft. „Wie dumm von mir. Wie konnte ich mich nur so abscheulich benehmen? Ich war so enttäuscht, ich traue mich fast nicht, es zu sagen ... Ich war eifersüchtig."
Reto kam näher und umarmte sie schweigend.
„Ich hoffe, deine Mutter kann mir verzeihen ..."
„Das tut sie bestimmt, sie hat eine gute Menschenkenntnis und sie mag dich."
„Bist du sicher?", wagte Mary zu fragen.
„Ja, das bin ich. Sie ist so stolz auf ihr neues Lokal, das sie zusammen mit einem Koch führt. Die Leute kommen von weit und breit den Berg hinauf zum Essen. Es gibt nämlich auch Wanderwege bis zum Imbiss, so ist die Bude immer voll. Die beiden haben eine richtige Goldgrube."
„Das kann ich mir vorstellen, es ist herrlich dort oben."
Das Gesicht von Mary heiterte sich zusehends auf.
„Ich habe eine Idee", sagte sie plötzlich strahlend, „bitte frag mal bei deiner Steffi nach, denn ich möchte sie gern an einem Abend einladen, falls sie Zeit hat zu kommen. Ich muss mich einfach in aller Form bei ihr entschuldigen, auch bei dir, mein Freund."
„Warum aufschieben?", lachte Reto, fahren wir doch heute Abend wieder auf den Berg und vergiss die Blumen nicht, am besten bunte Rosen, die mag meine Mutter besonders gern. Außerdem, du wirst es kaum glauben, sie hat heute Geburtstag."
Mary konnte nicht anders, sie umarmte Reto und küsste ihn innig.
Eng umschlungen standen die beiden eine Weile still, nur

ihre Herzen schlugen etwas schneller als sonst.
„Ich liebe dich", flüsterte Reto. Sanft streichelte er über ihre langen blonden Haare.
„Es gibt noch eine Überraschung, ich habe für heute Abend eine Musikband zu Steffis Imbiss bestellt. Meine Mutter hat keine Ahnung davon, nur ihren Koch habe ich eingeweiht. Was denkst du? Es wird sicher ein toller Abend werden."
„Das sehe ich genau so, dann sollte ich unbedingt meine Tanzschuhe mitnehmen. Und was ich noch sagen wollte: Ich liebe dich auch, mehr als du dir vorstellen kannst."
Reto blickte ihr verträumt in die Augen, dann meinte er mit rauer Stimme: „Das höre ich gern, sehr gern sogar, aber nun sollten wir uns beeilen. Wir müssen die Rosen noch besorgen. Unsere liebe Steffi wird staunen und sich bestimmt mega freuen, wenn ich ihr meine Freundin vorstelle ..."
Mary lächelte, so glücklich war sie noch nie gewesen in ihrem Leben.

Emil & Rin

„Was tun wir denn heute?“, fragte Emil seine Frau Katharina gelangweilt.
Ihr Vorname war ihm schon immer zu lang zum Aussprechen gewesen, so nannte er sie einfach nur Rin.
Seine Frau sah zum Fenster hinaus: „Schau dir das schöne Wetter an, heute gehen wir zum Strand. Du weißt doch, was der Arzt gesagt hat, in unserem Alter müssen wir uns mehr bewegen und die Sonne genießen. Sie hat viel Vitamin D.“
„Die hat WAS?“
Emil hatte seine Hörgeräte vergessen am Morgen. Rin brachte sie ihm.
„So, dann mal los. Oder liebst du mich nicht mehr?“
Inzwischen hatte Emil seine Lauscher eingestellt. „Natürlich liebe ich dich, was für eine Frage, das habe ich dir doch schon vor fünfundzwanzig Jahren schriftlich gegeben, aber was ist nun mit diesem D?“
„Die Sonne spendet Vitamin D für uns,“ sagte sie etwas lauter.
„Soso, das wusste ich nicht.“
Die zwei hatten ein Haus in Spanien gemietet. Auf dem Foto hatte das Anwesen traumhaft ausgesehen. In Wirklichkeit hatte es mehrere Mängel aufzuweisen, doch sie beklagten sich nicht.
Früher, als die Kinder klein gewesen waren, hatten sie auf so vieles verzichten müssen. Nun waren sie schon Oma und Opa geworden. Ihre Kinder hatten natürlich kein Verständnis, als sie erfuhren, was ihre Eltern vorhatten.

Aber Rin jubelte. Endlich war die Zeit gekommen, wo sie sich ihren Traum erfüllen konnten. Sie war so voller Leben und Freude, der Traum ihrer Sehnsucht war Wirklichkeit geworden.

Sie hatte ein Wörterbuch gekauft, das sie nun immer mit sich herumtrug. Die Sprache verstand sie schon ein wenig. Emil redete mit „Händen und Füßen", er kam gut damit durch. Jeder Spanier verstand bestens, was er meinte.
Der Strand war fast überfüllt mit Menschen, als sie ankamen. Rin zog die Schuhe aus und lief durch die Wellen. Sie liebte es, wenn das Salzwasser ihre Beine sanft umspülte. Es fühlte sich gut an, besser und gesünder als jede Massage.
Emil war kein so großer Fan vom Meer – besser gesagt: vom Sand. Er suchte sich ein Plätzchen an der Mauer, behielt seine Sandalen einfach an. Der Sand kroch zwischen seine Zehen. Er fluchte, weil seine Frau verlangt hatte: „Keine Socken anziehen! Das ist nicht modern, was denken die Leute?"

Was die Leute über ihn dachten, das war ihm eigentlich schnurz. Seine Fußballerbeine konnte er nun auch nicht verstecken mit dieser bescheuerten kurzen Hose, die Rin ihm gekauft hatte. Er suchte das Badetuch, breitete es vorsichtig aus, legte sich darauf und sah den Möwen zu. Geblendet schloss er einfach die Augen.
Plötzlich hörte er jemand rufen: „Kommen Sie doch in unsere Bar, dort ist es gemütlicher."
Das ließ Emil sich nicht zweimal sagen. Er sprang auf und

ging hin. Er erschrak etwas, als er merkte, dass er vergessen hatte, die Schuhe zu wechseln. Merkwürdig, hier ist ja alles voller Sand, dachte er, na dann mache ich es wie die anderen auch. Seine Sandalen warf er in die Ecke und schlenderte stolz durch den heißen Sand zur Bar. Sofort bekam er vom Barkeeper ein Glas Champagner in die Hand gedrückt. Eigentlich hätte er lieber ein eiskaltes Bier getrunken, aber so etwas hatten die gar nicht.

Eine leicht bekleidete Dame kam näher. „Na, so allein?“, fragte sie ihn.

Eine Antwort wollte sie anscheinend nicht von ihm hören, denn sie strich ihm über seine heiße Glatze, dann küsste sie ihn voller Leidenschaft. Emil wehrte sich nicht, ein wohliges Gefühl durchströmte seinen Körper. Sein Testosteronspiegel stieg in die Höhe – oder was auch immer. Er bestellte noch eine Flasche Champagner, dann noch eine ... Seine Kehle war wie ausgedörrt.

„Wo ist meine Frau?“, schrie er plötzlich.

Rin zog ihm schnell das Fieberthermometer aus dem Mund. „Dachte ich es doch“, murmelte sie, „40 Grad Fieber.“

Sie hielt Emil ein Glas Wasser an die Lippen, worin ein Aspirin mit Vitamin C sprudelte. „Du musst viel trinken, mein Liebling, du hast einen Sonnenstich bekommen.“

Rin legte ihm fürsorglich einen Eisbeutel auf den Kopf, dann strich sie ihn vorsichtig mit einer kühlenden Salbe ein.

Irgendwie hörte Emil die vertraute Stimme seiner Frau von weit her, es klang sehr beruhigend als sie sagte: „Alles wird gut. Wir lassen uns die Ferien doch nicht durch ein wenig Sand verderben, und schon gar nicht von der Sonne!“

Papier statt Plastik

Ein weiser Mann hatte mal gesagt: „Geld ist nicht wichtig, aber es beruhigt."

An den Spruch erinnerte Helmut sich nun. Alle nannten ihn Sepp.

Er war berühmt, er hatte viel Geld gehabt und Ruhe hatte er nun auch. Mehr als ihm lieb war.

Allerdings – über Berühmtheit lässt sich streiten und über Geld auch, denn all das schöne Geld hatten sie ihm abgenommen, als er verhaftet wurde und eine Einzelzelle im Gefängnis bekam. Absolute Ruhe war hier, nicht immer, aber fast immer.

Ab und zu ging die Klappe auf und jemand schaute da durch, dann machte es klack und die Klappe war wieder zu.

Was wollten die eigentlich? Nachsehen, ob er noch da war. Oder ihn nur nervös machen?

Sepp dachte nach. Zeit zum Nachdenken hatte er nun wenigstens. Warum war er auch so blöd gewesen und war mit einer Spielzeugpistole in die Bank gegangen und hatte laut gebrüllt: „Geld oder Blut!"

Das hatte die Kassiererin nervös gemacht. Er hatte selbst in die Schublade greifen müssen. Hach ... er hatte eine Papiertüte dabeigehabt und die bis zum Überlaufen gefüllt. Eine Tüte aus Plastik hätte er nie genommen, er achtete sehr auf den Umweltschutz.

Dann hatte er aber verschwinden müssen, denn eine Sirene war erklungen. Die hatten ihm anscheinend Schwierigkeiten machen wollen. Er hatte alle Leute in

Schach gehalten und war rückwärts zur Tür hinaus. Das heißt, so hatte er es geplant … Aber irgendwie hatte er sich den Arm eingeklemmt und die schönen Geldscheine waren durch die Luft geflogen und zu Boden gesegelt. Die Tüte hatte ein Loch bekommen.
Er hatte geflucht wie ein Bauarbeiter, der den Nagel nicht getroffen hatte.
Schnell hatte er ein paar Bündel in seine Westentasche gestopft und sich umgedreht. Er hatte wegrennen wollen, aber da standen sie schon, die Guten, dein Freund und Helfer, die Bullen. Sie hatten auf ihn gezielt.
Tztz, wenn sie gewusst hätten, dass er eine Spielzeugpistole hatte, dann hätten sie vielleicht nicht gezielt ... oder doch?
Er war gezwungen worden, in das Polizeiauto einzusteigen.
Und hopp ... saß er.
Die Gedanken rasten durch Sepps Kopf. Er wollte raus aus dem Knast. Er brauchte eine Idee, unbedingt. Die Eisenstäbe sahen sehr stabil aus.
Fakt war, er war ein bescheuerter Idiot.
Klack, die Klappe ging auf, dann drehte sich der Schlüssel. Sepp sprang hoch. Endlich ... Jemand stellte etwas zum Essen herein.
Nicht mal geredet hatte der. Das sollte sein Essen sein? Bohneneintopf, das konnte er noch nie leiden. Er wollte Pommes und ein Wiener Schnitzel. Er schmollte, dachte nach und murmelte: „Wenn ich krank werde, dann muss ich doch ins Krankenhaus und dann kann ich abhauen.“
Er aß von dem Eintopf, schlecht war er nicht. Aber dann

schrie er und hielt sich den Bauch. Klack, die Klappe, dann drehte sich der Schlüssel.
Er wurde zum Doc gebracht.
Dieser schaute kurz und sagte: „Geplatzter Blinddarm, das haben wir gleich.“
Ein paar Pfleger eilten herbei, hielten Sepp fest. Jemand gab ihm eine Spritze und dann hörte er gar nichts mehr.
Als er die Augen aufschlug, befand er sich in einem Krankenzimmer. Schläuche hingen an seinem Arm. Ich werd verrückt, die haben mir den Blinddarm herausgenommen, dachte er. Es tat höllisch weh, wenn er sich bewegte.
„Okay, dann warte ich eben auf DIE Gelegenheit zum Türmen, die wird kommen, davon bin ich fest überzeugt“, zischte er durch die Zähne.

Sie kam, ... mit der Nacht und der Pflegerin. Er sagte, dass er auf das stille Örtchen müsste, das war nicht gelogen, er musste wirklich. Dann kam er hinter dem Vorhang hervor und gab der Pflegerin einen Klaps, naja, mehr so einen Hieb mit der Faust unter das Kinn. Sie fiel genau in sein Bett. Das war praktisch. Er riss den Vorhang herunter, die Farbe passte ihm nicht so ganz, er stand mehr auf blau, aber schwarz konnte man immer tragen. Er wickelte sich darin ein. Fast hätte er vergessen, den Schlüssel aus dem Kittel der Schlafenden zu nehmen.
Barfuß schlich er auf den Gang und schloss die erste Tür auf, dann die zweite und da stand er schon auf dem Hof. Er hatte aber keine Zeit, um stehenzubleiben und die frische Luft zu genießen.

Wo war bloß dieser Ausgang? Wahrscheinlich war der Eingang der Ausgang. Nun war er echt froh, dass er dank des Vorhangs schwarz wie die Nacht gekleidet war.
Jemand kam durch den Seiteneingang. Aha, dort war auch der Ausgang. Er stand still da wie eine Salzsäule. Dann schlug seine Faust wieder zu. Er hatte den Punkt wieder getroffen, aber er hatte keine Zeit sich zu freuen – er musste verschwinden. Und das gelang erstaunlich gut!
In dieser Gegend kannte er sich absolut nicht aus.
Er hatte kalte Füße bekommen. Er sah fast nichts in dieser Nebelsuppe. Mhm, eine Suppe würde er jetzt gerne essen. Er sah eine Scheune, darauf ging er zu. Pferde und Kühe wohnten dort und auch Schweine. Eine dreckige Hose hing neben einer Mistgabel und Stiefel. Sie waren zwar schmutzig, aber Sepp kam es vor wie an Weihnachten. Er zog das Zeug an, setzte sich einen Hut auf. Kein Mensch würde ihn erkennen und die Leute würden ihm weit vom Leib bleiben, denn er stank fürchterlich.
Er stopfte sich ein paar Möhren in die Hosentasche, die Pferde sahen ihn mit großen Augen an. Nein, reiten konnte er nicht.
Er klaute das Fahrrad, den Drahtesel, damit fuhr er so schnell er konnte davon.
Im Haus nebenan waren die Lichter angegangen.
Es war höchste Eisenbahn.
Sepp verschwand grinsend radelnd im Nebel
und ward nie wieder gesehen.

Fühl dich wohl

Marie war sehr beschäftigt. Es kamen haufenweise E-Mails herein. Es waren alles Bestellungen für das Schlankheitsmittel, mit dem die Firma warb, für die sie erst seit ein paar Wochen arbeitete. Eine Dose, gefüllt mit kleinen grünen Pillen, sollte den ersehnten Erfolg bringen. Schlank, in weniger als einem Monat.
Das Wundermittel trug den Namen: FDW (Fühl dich wohl).
Marie dachte nicht daran, das Mittel selbst auszuprobieren, sie war gesund und zufrieden. Marie war nicht sehr groß, sie hatte ein paar Kilo zu viel auf den Rippen, aber das störte sie nicht, sie war immer gut aufgelegt. Nichts vermochte sie aus der Ruhe zu bringen. Sie hatte grüne Augen, welche ganz schön blitzen konnten. Ihre krausen roten Haare hatte sie mit einer weißen Schleife im Nacken zusammengebunden. Sie fand das schick und sie fühlte sich wohl in ihrer Haut.
Im TV wurde die FDW-Werbung von einer schlanken, sehr hübschen Frau angepriesen. Man zeigte auch ein Foto von der Frau, wie sie vor einem Monat ausgesehen hatte. Darauf sah sie aus, als wäre sie schwanger, aber das war sie nicht. Sie war einfach nur kugelrund auf dem Foto. Wahrscheinlich hatte sie ein Zierkissen auf dem Bauch angebunden. Die Leute glaubten, was sie sahen und bestellten online das angepriesene Mittel. Dazu gab es gratis noch eine kleine Schlankheitsfibel mit Tipps für eine gesunde Ernährung.
Die Blondine in der Werbung war wirklich gut.

Leichtfüßig hüpfte sie mit einem Springseil herum oder wechselte zu einem Trampolin, nachdem sie zwei von den FDW-Pillen geschluckt hatte und ließ ihre Haare im Wind flattern. Ihr Lachen war ansteckend und löste bei den Zuschauern eine total positive Wirkung aus.
„Mach es doch wie ich, nimm FDW und genieße das Leben.“
Das sagte sie in der Werbung immer wieder und wieder und wieder.
Natürlich wollten nicht nur Frauen, sondern auch die etwas rundlichen Männer der Schöpfung das FDW ausprobieren und ihre Polster am Bauch verlieren. Wer schleppt schon gern mehrere Kilos zu viel durch die Gegend?
Jean-Louis jedenfalls nicht, er bestellte das Zeug. Er wollte auch eine gute Figur machen, vor allem bei den Damen. Er wollte sich allen Ernstes einen Waschbrettbauch zulegen.
Seine E-Mail enthielt nicht nur die Bestellung, er machte Marie auch eine Liebeserklärung. Sie musste lächeln. Der hält mich wohl für die Blonde aus der Werbung, dachte sie amüsiert.
Niemand machte sich große Gedanken darüber, aus was die Pillen hergestellt wurden. Jeder wollte so schlank werden wie die hübsche TV-Frau.
Jean-Louis schickte am nächsten Tag wieder eine E-Mail mit den Worten: Ich kann es kaum erwarten bis das Paket ankommt. - Ich liebe Sie, meine Schöne.
Marie schüttelte den Kopf, sie war wirklich im Stress, sie hatte keine Zeit für witziges Geplänkel, denn tausende Menschen sandten E-Mails mit Bestellungen.

Irgendwie bin ich nun selbst gespannt, was in den Dingern drin ist, überlegte Marie. Am Abend will ich die Packungsbeilage mal durchlesen.
Endlich, Feierabend.
Marie fuhr den Computer herunter und streckte sich wie eine Katze, um ihre Muskeln zu lockern.
Die Adressen hatte sie alle ausgedruckt. Den Versand der Ware übernahmen zum Glück andere Mitarbeiter.
Marie holte sich eine Dose mit den grünen Pillen im Lager.
Essen Sie Früchte und Gemüse, trinken Sie viel Wasser und nehmen Sie unsere Tabletten, las sie laut. „Hm, und wo steht geschrieben was die enthalten?“, murmelte sie. „Ah, natürlich kleingedruckt, wie immer.“ Marie lachte laut.
Der Chef hörte ihr Lachen und kam aus seinem Büro.
„Was ist denn so lustig, Marie?“
„Na ja, ich kann leider kein Latein. Darf ich fragen, was in den Tabletten drin ist?“
Herr Müller schaute Marie verwundert an. „Urtica und Asparagus, das sind Brennnesselblätter und Spargelextrakt, gemischt mit ein paar Vitaminen. Sie haben die Eigenschaft, den Körper zu entschlacken. Sie haben doch nicht etwa vermutet, dass wir den Leuten etwas Giftiges andrehen?“
„Nein“, stotterte Marie, „ich wundere mich nur über die Vielzahl der Bestellungen, die Leute bezahlen wie verrückt.“
„Ja, ja, unser Wundermittel scheint die Menschen zu interessieren“, freute sich Maries Chef. „Sie können die Dose gern mit nach Hause nehmen und FDW

ausprobieren", meinte er dann etwas spöttisch.
Marie schoss das Blut ins Gesicht, sie bedankte sich, wünschte einen schönen Abend und verließ fast fluchtartig das Büro.
„Was denkt der sich? Ich brauche doch kein solches Zeug", giftelte sie irritiert. „Gefalle ich dem Boss etwa nicht? Das ist auch gar nicht nötig, er gefällt mir auch nicht. Er ist zwar immer freundlich und hat das gewisse Etwas, aber er hat sicher an jedem Finger eine Freundin."
Auf dem Nachhauseweg dachte sie immer noch an die Pillen, sie trug die Dose ja nun mit sich herum. Oder hat der Boss doch recht? Vielleicht schleppe ich ja auch ein paar überflüssige Kilos mit mir herum... Marie blieb vor einem Schaufenster stehen, sie sah ihr eigenes Spiegelbild an. „Ich bin ja dumm, nun bekomme ich noch Gewissensbisse", schimpfte sie leise.
Irgendwie schien ihr die Treppe zum dritten Stock heute zu hoch, sie blieb kurz stehen und schnappte nach Luft. „Mist, nun habe ich meine Pizza im Keller vergessen!"
Schon lief Marie die Treppe wieder hinunter, um aus ihrer Kühltruhe die Schachtel zu holen.
„Treppensteigen soll ja gesund sein, aber Pizza? Mein Boss, das Ekel hat mir den ganzen Abend verdorben", schimpfte sie nun etwas lauter. Sie öffnete die Truhe nicht, sondern nahm zwei Äpfel und eine Flasche Mineralwasser aus ihrem Vorrat mit nach oben.
Sie lüftete zuerst ihre kleine gemütliche Wohnung und schaltete dann den Fernseher ein.
Die Tagesschau lief. Politik und Sport interessierten Marie zwar wenig, aber sie wollte doch gern über das Tages-

geschehen informiert sein.
Prompt erschien dann wieder Werbung und natürlich die hübsche Schlanke mit den grünen Pillen.
Marie sah in den Kühlschrank, dort herrschte gähnende Leere – bis auf eine Tafel Schokolade und ein paar Eier von glücklichen Hühnern.
„Ich muss morgen einkaufen gehen“, seufzte Marie. Dann nahm sie die Schokolade mit zum Sofa, legte die Beine hoch und biss in einen Apfel und ließ anschließend die Schokolade, Stück für Stück, genüsslich im Mund zergehen.
Ihr Gewissen meldete sich: „Und wenn ich nun doch zwei Pillen schlucke? Ich muss das doch ausprobieren, falls jemand mich fragt, ob die nicht schädlich sind“, sagte sie laut, wie, um sich selbst zu beruhigen. Sie kam sich vor, wie ein Versuchskaninchen, aber diese Tiere fressen bestimmt keine Schokolade.
In der Nacht musste Marie dreimal aufstehen, sie schlich mit halbgeöffneten Augen zum stillen Örtchen. Dabei schlug sie sich die Zehen am Tisch an. „Aua, das hat mir noch gefehlt.“
Nach einigem Massieren ließ der Schmerz nach und Marie schlüpfte wieder unter ihre warme Decke.
Am Morgen war sie furchtbar müde, auch die fast kalte Dusche konnte sie nicht richtig zum Leben erwecken.
„Diese Pillen sind ja der Horror“, schimpfte sie.
Ihr Chef war schon im Büro, als sie ankam.
„Guten Tag Marie“, sagte er gutgelaunt.
Er sah wie immer toll aus, in seinem dunklen Anzug.
Marie startete den Computer. Ihre Müdigkeit verflog im

Nu. Etwa tausend neue Bestellungen mussten bearbeitet werden. Das gemütliche Mittagessen in der Kantine würde heute ausfallen. Marie druckte nun am laufenden Meter die Adressen der Bestellungen aus.
Jean-Louis hatte auch wieder geschrieben:
„Meine liebe Schöne, ich lade dich zum Essen ein. Bitte nicht nein sagen, ich warte im `Rebstock`, heute Abend um acht."
Soso, wir sind schon beim Du angelangt, dachte Marie. Was bildet der sich eigentlich ein?
Ihre Hände glitten weiterhin fleißig über die Tasten.
Ach, ich muss ja noch einkaufen gehen, sonst muss ich doch noch meine Pizza heute Abend verspeisen, ging es ihr durch den Kopf.
Die Tür vom Chefbüro öffnete sich: „Na Marie, kommen Sie mit zum Mittagessen in die Kantine?"
„Meinen Sie mich?", fragte sie etwas verwirrt.
Wie doof bin ich eigentlich? Natürlich meint er mich, dachte sie.
„Gern, ich brauche unbedingt eine Pause."
„Mögen Sie chinesisches Essen?"
Marie bejahte, obschon sie heute lieber gefastet hätte. Schon hatte sie einen gefüllten Teller in der Hand und der Boss steuerte einen kleinen Tisch an.
„Guten Appetit, Marie", sagte er und wickelte die Stäbchen aus.
Das Essen schmeckte. Der Chef war gut gelaunt und erzählte die ganze Zeit von dem Wundermittel, das er erfunden hatte.
Verschiedene Tees und Vitamintabletten wurden auch

fabriziert in der Fabrik, aber das Geschäft hatte nie so recht geblüht. Bis jetzt!

Nun schnellte das Konto in die Höhe, dank der blonden Werbefee.

Die Idee mit den Wunderpillen hatte er vor einem halben Jahr gehabt. Es hatte im Zug nach Davos gesessen und die Menschen beobachtet. Fast die Hälfte von ihnen, junge wie alte, hatten in seinen Augen zu dick ausgesehen.

„Na, Marie, wie hat es Ihnen geschmeckt?“, fragte er seine Sekretärin nun freundlich.

„Danke, ausgezeichnet, Herr Müller. Nun muss ich aber wieder an die Arbeit, sonst schaffe ich das heute nicht mehr“, sagte sie etwas angespannt. „Die Leute wollen sicher schnell bedient werden.“

„Okay, ich komme etwas später, ich habe noch ein privates Telefonat.“

Höflich erhob er sich, als Marie ging. *Das ist ja ein Ding,* dachte Marie. Vom Boss eingeladen zu werden, war eine große Ehre. Sie hatte gesehen wie die Mitarbeiter getuschelt hatten.

Na ja, ich sollte mir keine großen Hoffnungen machen, nun ruft er bestimmt eine andere an und geht mit ihr zum Abendessen aus.

Ein wenig verliebt war Marie schon, aber wirklich nur ein klein wenig.

Nun saß sie wieder vor dem Computer und arbeitete verbissen weiter. Wieder eine Mail von Jean-Louis: Bitte nicht vergessen, las sie.

Hm, warum eigentlich nicht? Ich gehe um 20:00 Uhr in den `Rebstock` einen Tee trinken, der Verehrer erwartet ja diese Blonde und kennt mich nicht. Ich kann ihn mal beobachten und mich wieder verziehen, dachte sie.

Endlich, Feierabend.
„Ich wünsche Ihnen einen schönen Abend, Herr Müller", sprach sie durch die Sprechanlage.
„Wünsche ich Ihnen auch, Marie", tönte es freundlich zurück.
Sie ging zum Marktplatz und kaufte noch ein paar Früchte und ergatterte frischen Spargel. Der schmeckt mir sicher besser als diese Pillen, dachte sie lächelnd.
Plötzlich kam eine ihrer Freundinnen auf sie zu.
„Hallo Marie, dich habe ich ja ewig nicht gesehen, gehen wir etwas trinken, so wie in alten Zeiten?" Marie, hatte nun wirklich keine Zeit, aber sie blieb kurz stehen.
„Ach Suzette, ich muss unbedingt schnell nach Hause, aber was meinst du, treffen wir uns um 20:00 Uhr im \`Rebstock\`?"
„Natürlich, abgemacht", erwiderte ihre Freundin.
„Ciao, bis später."

Eine Stunde später traf Marie ihre Freundin Suzette in dem gemütlichen Restaurant. Jeder Tisch war geschmückt mit einer kleinen Glasvase, gefüllt mit zwei gelben Nelken, und einer romantischen Stehlampe, die den Raum urgemütlich machte.
Die Kellnerin zeigte ihnen einen freien Tisch und fragte nach ihren Wünschen.
Suzette bestellte einen gemischten Salat, Marie verlangte ein Mineralwasser.

„Ah, FDW“, witzelte ihre Freundin grinsend.
„Irrtum, erstens habe ich schon zu Hause gegessen und zweitens erwartet mich hier jemand. Das Dumme daran, ist, ich weiß nicht, wie er aussieht.“
Nun bekam Suzette einen Lachanfall. „Das glaube ich jetzt nicht“, kicherte sie, als sie sich wieder etwas erholt hatte.
Marie nickte nur und sah sich um. An der Bar saßen einige Männer.
Wer kommt von denen infrage?, überlegte sie. Der Große mit dem schwarzen Haar, der Kleine mit der Halbglatze, oder etwa der mit dem Bäuchlein? „Natürlich, der wird es sein! Oder der da weiter hinten?“, flüsterte Marie halblaut.
„Wen meinst du?“, fragte Suzette.
„Nicht so laut bitte, ich denke, der Mann sitzt da rechts, der flotte Typ mit dem gelben Hemd. Den hab ich irgendwo schon mal gesehen. Der war sicher schon mal in der Firma irgendwann.“
„Wow, der sieht aber gut aus, von dem würde ich mich auch einladen lassen.“
Suzette schaute nun ziemlich auffällig hin.
„Ach, Jean-Louis sucht eine Frau mit langen blonden Haaren“, lachte Marie.
Nun sah ihre Freundin sie fragend an.
„Weißt du, er wartet auf die Blondine, aus der Fühl- dich-wohl-Werbung“, erklärte sie das Missverständnis.
„Na, dann kann der Arme ja noch lange warten“, meinte Suzette etwas enttäuscht.
In dem Moment kamen wieder Gäste in das Lokal herein, sie steuerten auf einen reservierten Tisch zu.
Dann überschlugen sich die Ereignisse.

Der flotte Jean-Louis rutschte von seinem Stuhl und ging auf die blonde Dame zu. Was er sagte, verstanden die Freundinnen nicht. Sie sahen nur, dass die Frau ihre blonde Mähne schüttelte und neben ihrem Begleiter Platz nahm. Marie glaubte, sie bekäme einen Atemstillstand, denn der Begleiter der Blonden war kein anderer als ihr Chef, Herr Müller persönlich.
„Ach, sieh einer an, die liebe Gattin sitzt bestimmt zu Hause und strickt ihm ein Paar Socken zu Weihnachten", flüsterte Marie empört.
Jean-Louis sah auf seine Uhr, bezahlte und verschwand.
„Ich glaube, wir verschwinden auch."
Marie legte einen Geldschein auf den Tisch. Sofort kam die Kellnerin, kassierte ein und wünschte einen schönen Abend.
Draußen war es etwas kühl geworden, darum verabschiedete sich Marie von ihrer Freundin.
„Liebe Marie, versprich mir, dass wir uns öfter treffen", meinte Suzette lachend.
Marie versprach es, dann ging sie nach Hause.
In der Nacht träumte sie von Männern, die ihr den Hof machten und ihr statt Blumen gefüllte Körbe mit Süßigkeiten schenkten. Sie wälzte sich im Bett hin und her und wollte „Nein" schreien, dann schrillte der Wecker.
Marie seufzte tief: „Was für ein Nacht, ich glaube ich kann nichts Süßes mehr sehen."
Es dauerte nicht lange, dann saß sie wieder im Büro und wühlte sich durch die neuen Mails.
„Ach, Jean-Louis scheint beleidigt zu sein, heute schreibt er nicht", murmelte sie.

„Warum verliebt man sich in jemanden, den man nicht kennt?"
Ihr Boss war schon im Büro. Er bat Marie, ihm einen Kaffee zu bringen.
Er hat wohl gestern zu lange gefeiert, dachte sie, indem sie ein Kännchen von der schwarzen Brühe parat machte.
„Bitteschön, Ihr Kaffee." Marie suchte einen leeren Platz auf dem Schreibtisch, um das Tablett abzustellen. Dann ging sie wieder an ihre Arbeit.
Sie hatte ein Käsebrot mitgenommen als Mittagessen und trank Tee dazu.
Am Abend hatte sie eine Gemüsesuppe auf ihrem Speiseplan, sie freute sich jetzt schon darauf.
Ihr Chef ging ziemlich früh, er hatte Marie einen angenehmen Abend gewünscht. Sie bemerkte erst jetzt, dass er schöne braune Augen hatte, welche sie sofort an warme flüssige Schokolade erinnerten, Schokolade, welche man warm auf ein Eis gießt, direkt auf das Sahnehäubchen.
„Ich werde noch wahnsinnig, sofort ist Schluss mit dieser blöden Diät! Punkt." Sie war richtig sauer geworden.
Als sie aus dem Gebäude trat, wartete jemand auf sie. Jean-Louis stand da, lässig an das Geländer gelehnt.
„Hallo, meine Schöne", lächelte er.
„Hallo." Marie war überrascht.
„Möchten Sie heute mit mir zum Essen gehen?", fragte er etwas schuldbewusst. „Gestern hatte ich Sie leider verwechselt."
Wenigstens ist er ehrlich, dachte sie.
Es wurde ein sehr gemütlicher Abend mit Jean-Louis. Er

war höflich, charmant und immer zu einem Scherz aufgelegt. Beim Abschied hielt er ihre Hand etwas länger fest als üblich und bat um ein neues Rendezvous.
Marie sagte zu, der junge Mann gefiel ihr, obwohl sie noch nicht viel über ihn wusste.
„Ich melde mich per Mail", sagte Jean-Louis und zwinkerte. „Was ich noch sagen wollte, du hast wunderschöne rote Haare. Ich darf doch Du sagen?"
Lächelnd nickte Marie. Aber dann hatte sie es sehr eilig, denn sie wollte nicht, dass Jean- Louis das Du mit einem Kuss besiegelte.
Der denkt nun sicher, dass ich altmodisch bin, egal, so bin ich eben, dachte sie.
„Bin ich etwa verliebt?", fragte sie sich, denn sie hatte Schmetterlinge im Bauch.
Am nächsten Tag suchte sie voller Spannung die E-Mail von Jean-Louis.
Er schrieb: Liebe Marie, ich hole dich am Abend wieder ab, wenn es dir recht ist.
Sie wollte ihm schnell antworten, aber die Tür öffnete sich und die Blonde aus der Werbung erschien, grüßte kurz und verschwand im Chefbüro.
Das kann ja heiter werden, dachte Marie kopfschüttelnd und nahm ihre Arbeit wieder auf.
Herr Müller meldete sich durch die Sprechanlage: „Bitte, Marie, kommen Sie doch auf einen Sprung in mein Büro."
Erstaunt erhob sie sich. Was soll das denn werden?
Der Chef blickte sie an. „Ich wollte Sie fragen, ob Sie jemanden kennen, der in unserer Werbung mitmacht. Oder haben Sie selber Lust dazu?"

Gut, dass sie sich hingesetzt hatte, sonst wäre sie ins Schwanken geraten. „I..ich?", stotterte sie verlegen.
Die Blonde schaute Marie erwartungsvoll an und sagte: „Sie haben genau die richtige Figur und sind sehr hübsch. Aber das wissen Sie ja sicher selbst."
„Aber, ich habe schon einen Job hier."
„Kein Problem, ich vertrete Sie, während Sie den Werbefilm drehen, die Menschen wollen bestimmt mal ein anderes Gesicht sehen." Sie reichte Marie die Hand, „übrigens ich bin Christine. Bitte machen Sie mit."
Der Boss meinte: „Ihr Gehalt wird selbstverständlich auch erhöht."
Und so wurde die Sekretärin zur Schauspielerin für kurze Zeit. Christine bediente den Computer.
Schon am ersten Tag kam eine E-Mail: Liebe Marie, ich habe gestern gewartet.
Christine lächelte: „Soso, Marie hat einen Verehrer."
Sie schrieb ihm kurz, wann Marie wieder in der Fabrik sein würde, zusammen mit einer kurzen Erklärung.

Der Werbespot war bald im Kasten. Marie musste ihre Haare offen tragen und sie trug ein luftiges grünes Kleid, in der Hand die FDH-Dose. Sie brauchte auch nicht zu sprechen, nur herzlich lächeln.
Fühl dich wohl mit FDW, wurde eingeblendet. Die Worte wurden mit der Stimme von Christine gesprochen.
Als die Werbung im TV erschien, stiegen die Bestellungen noch mehr an.
Auch Jean-Louis hatte den Kurzfilm gesehen.
„Sie ist so wunderschön", stellte er fest, obschon er das

längst wusste.
Ein paar Tage später kam Marie wieder ins Büro.
„Sie haben das ganz bezaubernd gemacht“, lobte Herr Müller.
„Ja, Vater“, mischte sich Christine ein, „unsere Marie ist die Beste.“
Marie wusste nicht, ob sie weinen oder lachen sollte:
„Vater“ hat sie gesagt, arbeitete es in ihrem Kopf. Ich habe gar nicht gemerkt, dass der Boss ihr Vater sein könnte.
„Danke“, sagte sie nun laut, „ich hatte viel Spaß im Studio, alle waren sehr nett.“
Sie nahm ihren Platz am Computer wieder ein.
„Wow“, entfuhr es ihrem Mund, denn die Zahlen der Bestellungen hatten sich verdoppelt.
Sie suchte nach einer E-Mail von Jean-Louis. Sie hatte große Sehnsucht nach ihm gehabt.
Sie fand aber keine Nachricht.
Am Abend brachte ein Bote einen Strauß Blumen ins Büro.
Eine Karte war angeheftet.
„Sehen wir uns heute im `Rebstock`?“
Die Freude stand Marie im Gesicht geschrieben.
Flüsternd sagte sie: „Natürlich, Liebling, ich werde da sein!“

Der Brief

Ich hatte noch nie einen Menschen getroffen, der so freundlich und immer zu einem Spaß aufgelegt war, wie unseren Briefträger. Er war sogar mein Nachbar.
Man konnte seine Uhr nach ihm richten, so pünktlich war er.
Heute brachte er einen eingeschriebenen Brief, dann wünschte er wie immer einen schönen Tag und ging zum nächsten Haus. Er fragte aber vorher noch: „Lady, haben Sie einen Verehrer?“
Ich musste grinsen, dann riss ich den Brief mit den Fingern auf, denn die Neugier plagte mich. Einen pinkfarbenen Brief mit einem gemalten Herz darauf ... Tztz, wer schrieb solche Briefe? Die Handschrift sagte mir nichts, aber dann ... Ich musste mich hinsetzen.
Zum Glück hatte ich die Gartenstühle noch nicht vor dem Winter in Sicherheit gebracht.
Da stand geschrieben:
Sie haben gewonnen, bitte holen Sie den Preis in unserem Büro ab, in der Wiesenstraße 13 ...

Da stand nicht geschrieben, was ich gewonnen hatte.
Wahrscheinlich wieder so einen Müll.
Auf keinen Fall wollte ich sofort in die Stadt fahren. Den Brief legte ich zuerst mal zur Seite und las die Zeitung. Aber konzentrieren konnte ich mich nicht, immer wieder schielte ich zu dem Brief hin, er war mit Ive Müller unterzeichnet. Klar, Müllers gibt es wie Sand am Meer.
Ich schüttelte den Kopf.

Zuerst musste ich mal einkaufen gehen, das war wichtig. Als ich nach Hause kam, fiel mein Blick wieder auf den Brief, der war ja nicht zu übersehen.
Ich füllte immer Wettbewerbe aus, wenn ich einkaufen ging, wie also sollte ich noch wissen, was, wo, wann?
Am besten, ich lasse mich überraschen! Und schon war ich unterwegs, ich konnte das Warten einfach nicht aushalten. Natürlich leuchtete jede Ampel rot, sobald ich mich mit meinem museumsreifen Flitzer näherte.
Endlich die Wiesenstraße, wie war die Nummer doch gleich? Ah ja, die 13, meine Glückszahl. Mit einer scharfen Bremsung über die Schottersteine kam ich wohlbehalten an.
Ich musste mich beherrschen, um nicht zu rennen. Nach außen hin gelassen ging ich ruhigen Schrittes zu dem Haus. Diese blöde Drehtür hatte mir fast noch den Arm eingeklemmt, dann ging ich langsam zu der Tür mit dem Schild BÜRO. Ich klopfte höflich an und wurde aufgefordert einzutreten.
Den pinken Brief hatte ich als Erkennungszeichen in der Hand.
„Ah, da ist ja unsere Gewinnerin", sagte jemand und schob mir einen Sessel zurecht.
„Moment bitte, ich sage Herrn Müller Bescheid, dass Sie da sind."
Okay, dachte ich, nun werde ich es ja bald wissen.
Herr Müller kam, er hatte auch einen pinkfarbenen Briefumschlag in der Hand, er setzte sich.
„So, Frau Meier, hier ist Ihr Gewinn, es ist eine Hochzeit, die Sie gewonnen haben, mit allem Drum und Dran. Na,

freuen Sie sich?"
„Eine Hoooch..." Weiter kam ich nicht, ich musste ohnmächtig in dem Sessel zusammengesunken sein.
Plötzlich vernahm ich Stimmen, sie kamen von weit her. Seit wann höre ich Stimmen? Verwirrt schlug ich die Augen auf, nein, das war kein Traum. Herr Müller und seine Sekretärin hörten endlich damit auf, mir Wasser ins Gesicht zu klatschen. Ich muss ausgesehen haben wie ein Huhn, das aus Versehen in eine Pfütze getrampelt war.
Herr Müller fragte, wie es mir gehe.
„Gut, gut, mir könnte es gar nicht besser gehen!", sagte ich, oder hatte ich geschrien? Hm, ich habe eine Hochzeitsfeier gewonnen, aber wieso? Ich habe ja nicht einmal einen Freund.
Herr Müller lachte und sagte, dass ich nur noch zu unterschreiben brauche und die Hochzeit würde im Wonnemonat Mai stattfinden, alles würde geplant, alles würde bezahlt werden, auch die Hochzeitsreise.
Ich kritzelte meinen Namen ... Okay, ein Hochzeitsfest habe ich, nun fehlt mir nur noch der richtige Mann.
Auf Beinen wie aus Watte verließ ich dankend das Büro. Dann ließ ich mich in den Sitz meines Autos plumpsen.
Ein neues Auto wäre mir lieber gewesen.
Nun war ich eine Braut ohne Bräutigam. Ich musste sofort zu meiner Freundin Liz, um ihr das zu erzählen. Ich konnte mir jetzt schon ihre aufgerissenen Augen vorstellen.
Ihre Kinder waren in der Schule, so konnte ich reden und fragen, was ich nun machen sollte.
Sie meinte grinsend: „Ganz einfach, du suchst dir einen Mann."

Diese Antwort hatte ich erwartet. Warum bloß habe ich kein neues Auto gewonnen?, seufzte ich schon wieder innerlich.
Nach Hause wollte ich nicht! Ich parkte vor einem Gasthof, setzte mich an die Theke und bestellte einen Gin-Tonic. War mir doch egal ob ich beschwipst würde, ich brauchte das jetzt!
Ich sah ein bekanntes Gesicht. War das nicht der Briefträger?
Er hockte vor seinem Feierabend-Bier und winkte mir zu. Mann, der sah ja ganz anders aus, so ohne Uniform. Schöne, schwarze Haare, ein markantes Gesicht, ich hatte ihn früher nie so genau angeschaut.
Auch jetzt dachte ich mir nichts dabei, als er sich zu mir setzte und mich in ein Gespräch verwickelte.
Er bestellte mir nochmal dasselbe, das war ich aber nicht gewohnt. Der Gin löste meine Zunge und ich redete Unsinn, ich erzählte von dem Brief und dass ich gewonnen hätte.
Piet, so hieß er, fand, dass ich ein Glückskind sei. Wahrscheinlich dachte er auch, dass ich ein neues Auto nötiger hätte, denn er fragte nicht weiter.
Nach dem dritten Drink war ich einverstanden, dass Piet mir den Autoschlüssel aus der Hand nahm, mit dem ich die ganze Zeit rumgefuchtelt hatte.
Er brachte mich nach Hause, denn er wusste ja, wo ich wohnte.
Am nächsten Morgen lag eine rote Rose in meinem Briefkasten. Ich lächelte und zog den Duft tief ein. Auch mein Auto stand schon auf dem Parkplatz.

Ich rief Piet an, um ihm zu danken. Er lud mich zum Essen ein, er würde mich am Abend abholen.
Ich freute mich natürlich sehr.
Piet gestand mir seine Liebe, er hatte sich bloß nie getraut, etwas zu sagen. Wir küssten uns leidenschaftlich und mir wurde bewusst, dass wir zusammengehörten – für immer und ewig.
Ich musste keinen Mann mehr suchen, denn er wohnte die ganze Zeit nebenan.
Zusammen spazierten wir im Monat Mai in den Hafen der Ehe. Ich hatte ein wunderschönes, elegantes, weißes Kleid bekommen ... so manche Prinzessin wäre erstaunt gewesen.

Was so ein Hauptgewinn im Leben alles verändern kann ... Glück muss man haben!

Ups

„Ups, ich bin voll", sagte der Mond, „aber alle Menschen lieben mich."
„Ich lach mich schlapp", meinte das kleine Wölkchen, welches langsam vorbeizog.
„Du brauchst gar nicht so doof zu lachen, immerhin waren schon Menschen auf mir gelandet mit so einem Ding", brummte der Vollmond stolz. „Aber ich sage dir, wenn du auf der Erde landest, dann bleiben nur ein paar Pfützen von dir übrig und dann kommt die Sonne und schon bist du ganz weg."
„Du lügst doch, du willst mir Angst machen. Ich hasse dich", schrie das Wölkchen.
Ein Stern mischte sich ein: „Seid ihr bekloppt? Mit eurem Geschrei weckt ihr alle Leute auf, ich sage euch, wir Sterne werden geliebt, weil wir funkeln und Wünsche erfüllen."
Eine dicke schwarze Wolke machte sich so breit es nur ging. „Nun habe ich aber genug, ich kann euch alle verdecken, dann kann keine Menschenseele euch mehr sehen."
„Aus dem Weg", brüllte der Mond, so laut er konnte. Die schwarze Wolke wurde immer dicker und dicker, vor Ärger. Sie fing an zu grollen, dann zu donnern, heftige Blitze jagten aus ihr hervor. Dann gab es einen fürchterlichen Knall und danach fielen viele dicke Regentropfen auf die Erde nieder.
Der Mond schüttelte den Kopf, fast wäre er aus seiner Bahn geraten.
„Was soll das? Ich soll Ruhe geben und diese Wolke macht

einen Riesenkrach, so etwas sollen die Menschenkinder lieben? Ich verstehe das nicht."

Die Menschen auf der Erde waren wirklich wach geworden.
„Ein Sommergewitter", murmelte jemand im Halbschlaf, ich liebe es."
„Wunderbar", sagte ein anderer, „davon träume ich schon lange, die Abkühlung tut gut!"

Der coole Claudio

Es gibt einen Mann auf dieser Erde, der ist so cool, nett und gescheit.
Schon in der Primarschule war er so clever, er schrieb die besten Aufsätze und seine Kleider sahen immer fleckenlos sauber aus. Seine Mutti war sehr stolz auf ihren einzigen Sohn.
Der Haken an der Sache: Claudio war nicht sehr beliebt bei seinen Klassenkameraden. Die Mädchen hielten sich auch von ihm fern, keine mochte ihn. Angeber nannten sie ihn. Claudio war ein Streber wie er im Buch steht, aber es störte ihn nicht, was die anderen von ihm dachten, er wollte nach oben.
Die Jahre zogen dahin.
Kurz gesagt, aus Claudio war ein schöner Mann geworden. Claudio trieb viel Sport, wollte fit sein, war immer freundlich und absolut kein Angeber.
Dann kam DER Tag, eigentlich war es ein Tag wie jeder anderer auch. Aber für Claudio war es ein besonderer Tag, denn er hatte sich unsterblich verliebt.
Die Auserwählte wusste es bloß noch nicht.
Sie arbeitete auch bei der Bankgesellschaft, wo Claudio angestellt war. Sie begegneten sich fast täglich. Mittags in der Kantine, steuerte Claudio auf einen bestimmten Tisch zu.
„Hallo, wie geht es Ihnen? Schönes Wetter heute.“ Das war nicht sehr cool und auch nicht sehr geistreich. Die Angesprochene sah ihn erstaunt an.
Der Blick, den sie ihm zuwarf ... naja, der war nicht so wie

Liebe auf den ersten Blick.
„Ja, Sie sagen es, die Sonne scheint."
„Darf ich mich zu Ihnen setzen", fragte Claudio.
„Warum? Platz ist ja genug da."
„Sie sehen fantastisch aus!"
„Ich weiß."
„Ich meine, Sie gefallen mir."
Sie gab keine Antwort.
„Möchten Sie mit mir zum Essen gehen?"
„Wir essen ja schon." Sie erhob sich und holte einen Kaffee.
„Ich wollte Sie eigentlich für heute Abend einladen", sagte er, als sie sich wieder hingesetzt hatte.
Claudio schaute sie nun gespannt an. Ein Nein würde er nicht verkraften.
„Okay."
Claudio war glücklich, er strahlte über das ganze Gesicht.
„Wo darf ich Sie abholen? Passt es um zwanzig Uhr?"
Sie nickte erfreut und gab ihm ihre Visitenkarte.
Am Abend war der coole Claudio sowas von aufgeregt. Er hatte ausgiebig geduscht, ein sauberes Hemd angezogen und nun stand er vor dem Haus seiner Angebeteten. Er strich sich die Haare glatt und schüttelte noch ein unsichtbares Staubkörnchen von seiner Hose. Er presste seinen Daumen auf die Klingel, wo ihr Name stand. Oben öffnete sich ein Fenster.
Lola streckte ihren blonden Kopf heraus und rief: „Sind Sie das? Wo steht denn Ihr Wagen?"
„Ähm, ich habe gar kein Auto."
„Was? Kein Auto?"
„Nein", rief Claudio, „Mutti braucht es heute."

Den letzten Satz hörte Lola nicht mehr. Sie hatte das Fenster, mit einem erschreckenden Knall zu gemacht. Er wartete und wartete, aber Lola kam nicht.
Claudio war sehr enttäuscht.

Am nächsten Tag im Büro würdigte Lola ihn keines Blickes.
Claudio war mit dem coolen feuerroten Porsche zur Arbeit gefahren, denn ihm taten die Füße weh vom langen Stehen am vorigen Abend, vom Warten auf Lola. Normalerweise ging er immer zu Fuß zur Arbeit, um fit zu bleiben.
Lola kam in dem Moment aus dem Gebäude, als der coole Claudio Gas gab.
Er hatte nicht mehr gehört, dass sie ihm hinterherrief: „Hey, warte doch auf mich!“

Moral von der Geschicht:
Frag nach Reichtum nicht.
Sieh in das Herz hinein,
glücklich wirst du sein.

Ausflug am Muttertag

Mia war ein Sonntagskind. Sie erblickte das Licht der Welt an einem herrlichen sonnigen Tag. Sie schrie wie am Spieß. Na ja, es war ja anstrengend genug für so ein kleines Menschlein, plötzlich so im Rampenlicht zu liegen.

Die Zeit verging wie im Flug. Aus dem Baby war ein schönes Mädchen geworden, auf das ihre Eltern sehr stolz waren, natürlich auch auf ihren Sohn.
Hans war schon verheiratet mit einer sehr netten Frau und Eltern von Zwillingen waren sie auch schon geworden. Eine harmonische Familie wie aus dem Märchenbuch.
Mia hatte ihren Traumprinzen auch gefunden, allerdings waren beide so arm wie Kirchenmäuse. Abends sah man die beiden nie in einer Disco,
sie jobbten in einem Hotel. Maya bekam so manches Trinkgeld, denn sie war die Freundlichkeit in Person.
Beide sparten sie, denn sie wollten bald heiraten.

Dann kam der Tag, der für die ganze Familie ein Alptraum wurde – und das genau am Muttertag.
Mias Eltern hatten die Familie zu einem Picknick eingeladen, auf der Wiese am Badestrand vom schönen Bodensee. Die Sonne lachte vom Himmel herunter, der Tag war wie geschaffen für einen Ausflug. Den großen Picknick-Korb hatte die Mutter mit leckeren Sachen befüllt. Groß und Klein freute sich. Eine Decke wurde ausgebreitet, fast alle nahmen gemütlich darauf Platz.

Mia spielte mit den Zwillingen am Ufer und die Männer waren eine Runde schwimmen.
Der Hunger meldete sich bald, alle kamen herbei und griffen kräftig zu.
Nein, nicht alle ... Wo war Hans?
Der war doch sonst immer der erste, wenn es ums Essen ging.
Die Kinder riefen ihren Papa, aber er kam nicht und niemand hatte ihn gesehen.
Der Badestrand war ziemlich voll mit Menschen, die sich in der Sonne aalten.
Es dauerte einige Zeit, bis Mia die Kleider ihres Bruders entdeckte, schön zusammengefaltet unter einem Weidenbaum. Sie schaute sich um, keine Spur von Hans. Sie schwamm etwas hinaus und hoffte, dass ihr Bruder sich auf einem Floß sonnte und einfach mal Ruhe brauchte von dem ganzen Trubel. Sie schwamm von Floß zu Floß, die rund um die Badehütte im Wasser schwammen. Doch dort war ihr Bruder auch nicht.
Er ist inzwischen sicher aufgetaucht und sitzt gemütlich beim Essen, dachte sie.

Fehlanzeige. Hans blieb verschwunden.
Die Seepolizei wurde alarmiert. Taucher suchten im See nach Hans. Ein schöner Tag wurde zum Horrortag.

Im Radio und TV kam die Nachricht. Der Tod eines treusorgenden Familienvaters wurde vermutet. Denn die Suche nach Hans musste erfolglos eingestellt werden.

Etwa zehn Tage später klingelte es an der Haustür der Familie. Mia öffnete und sank sofort ohnmächtig zu Boden. Schuld daran war der totgeglaubte Hans.
Ihr Bruder Hans trug sie auf seinen starken Armen in die Küche, wo alle am Frühstückstisch saßen.
Die Frau von Hans bekam einen Schreikrampf.
Jeder glaubte, einen Geist zu sehen.
Der Mutter fiel das Messer, mit dem sie gerade das Brot aufschneiden wollte, aus der Hand. Mia öffnete die Augen langsam wieder.
Dann gab es ein fürchterliches Durcheinander.
Die Zwillinge umarmten freudig ihren Vater. Der Vater von Hans wollte natürlich auf der Stelle wissen, was passiert war.
Die Antwort war sowas von ...
Also, Hans hatte sein Verschwinden geplant.
Er war auf die andere Seite vom See geschwommen, dort hatte er Kleider versteckt und ein Hotelzimmer für zehn Tage unter einem falschen Namen im Voraus gebucht.
Hans war „untergetaucht", um einfach zu sehen, was seine Familie unternehmen würde, ohne ihn ...
Hans hatte daraufhin von seiner Mutter ein paar saftige Ohrfeigen einstecken müssen ... Und das in seinem Alter. Damit war für sie das Thema beendet: „So, das ist jetzt nun mal passiert und ich will kein einziges Wort mehr darüber hören!"
Mia dachte bei sich: *Und ich habe mir noch extra eine schwarze Bluse gekauft von meinem gesparten Geld.*
Sie verstand immer noch nicht, warum ihr großer Bruder der Familie so etwas antun konnte, aber sie war doch auch

sehr froh, dass er wieder da war.
Selbstverständlich entschuldigte Hans sich bei seiner Frau und den Kindern. Er hatte begriffen, dass er die größte Dummheit seines Lebens begangen hatte.
Ob sie ihm je verzeihen würden, war mehr als ungewiss. Wer einmal lügt, dem glaubt man nicht ...

Der Blogger

Jimi war sehr krank, und das mit gerade mal elf Jahren. Kein Arzt konnte ihm helfen.
Zum Glück hatte er keine Schmerzen. Aber seine Beine versagten einfach den Dienst. Als er wieder mal hingefallen war und nicht alleine hochkam, lachten die Kinder und einer rief gar: „Der liegt da rum, wie 'ne Zecke!" Damit hatte er nun auch noch einen Spitznamen, der nicht wirklich freundlich war ...
Teure Therapien brachten nichts. Mit Krücken bewegte er sich vorwärts, aber er wurde sehr schnell müde.
Seine Eltern und Geschwister versuchten ihn abzulenken. Sie lasen ihm schöne Geschichten vor, wann immer jemand Zeit dazu hatte.
Nach einiger Zeit waren alle Bücher, welche die Kinder hatten, durchgelesen. Jimi war sehr traurig, denn in die Schule konnte er auch nicht mehr gehen. Seinen Spitznamen wurde er dennoch nicht los.
„Ich muss eine Lösung finden", redete er am Abend vor sich hin. „Ich werde selber eine Geschichte schreiben, ich werde etwas Lustiges erfinden, vielleicht kann mein Vater die Geschichte dann ins Internet stellen."
Jimi schlief unruhig.
Nach dem Frühstück humpelte er zu seinem Schreibtisch, erledigte wie gewohnt seine Aufgaben, die seine Lehrerin jeden Tag einem Schüler mitgab.
Dann fing er zu schreiben an. Er schrieb, wie er plötzlich beim Fußballspielen das erste Mal gestürzt war.
Den anderen Kindern war das gar nicht aufgefallen, denn

so mancher von ihnen stolperte ab und zu mal. Er schrieb von den vielen Untersuchungen im Spital, von den Ärzten, die alle resigniert den Kopf schüttelten.
„Ach, ich wollte doch etwas Lustiges schreiben", murmelte er. Seine Geschichte bekam sofort eine Wendung. Stolz schrieb er über den Pokal, den seine Schulklasse gewonnen hatte und der nun in seinem Zimmer im Regal stand.
Er schrieb von den Versteckspielen bei den nahen Felsen. Es war immer aufregend, denn er passte in jede Spalte hinein. Seine Brüder suchten dann verzweifelt nach ihm. Jimi erzählte, wie er ein junges Lamm gerettet hatte, das er durch Zufall in einer solchen Spalte entdeckt hatte. Seine Zwillingsbrüder Herbert und Hans hatten ihm geholfen das Tier zu retten.
Jimi schrieb über sein Leben, über das Leben seiner Brüder und seiner Eltern.
Ihm gefiel das Erzählen der Storys, nie hätte er gedacht, dass ihm das so viel Spaß machen würde.
„Was schreibst du eigentlich andauernd?" Sein Vater wunderte sich, da er wusste, dass sein Sohn es liebte, wenn ihm jemand etwas vorlas.
Jimi wurde verlegen. „Ach, ich schreibe nun selber Geschichten."
„Soso, darf ich mal sehen?" Jimis Vater war begeistert von dem, was sein kleiner, kranker Sohn machte.
„Möchtest du einen Blog im Internet? Das können dann alle Menschen lesen, ich kann dir das einrichten."
„Ja, Vater, das wäre cool."
So kam es, dass der kleine Junge fast täglich an seinem

Blog arbeitete. Voller Ironie hatte er ihn «Zeckes Leben» getauft.
Immer mehr Leute erfuhren von Jimi und seinen Erlebnissen und seinen Träumen.
Der Sohn eines Arztes besuchte zufällig die Seite, er erzählte sogar seinem Vater davon. „Weißt du, Vater, dieser Jimi kann fast nicht mehr laufen, keiner kann ihm helfen, ich finde seinen Blog einzigartig."
Dr. Jonson wurde hellhörig. Er hatte eigentlich viel zu tun, aber er konnte nicht widerstehen. „Schreibe doch dem Jungen, er soll zu mir in die Praxis kommen. Versprechen kann ich nichts, doch ich möchte ihn gerne untersuchen."
Das tat Carlo.
Bald darauf erhielt er Antwort von Jimi.
„Hallo, Carlo, du machst mir Hoffnung, aber ich weiß nicht so recht, ob ich kommen kann oder soll. Denn mehrere Ärzte haben nichts herausgefunden. Ich bin ein hoffnungsloser Fall. Ich spare im Moment für einen Rollstuhl, jeder Franken ist willkommen. Aber ich habe es mir überlegt, ich werde zu deinem Vater in die Sprechstunde kommen, in der Hoffnung dich zu treffen."

Jimis Mutter brachte ihn zum verabredeten Datum in die Praxis von Dr. Jonson.
Der Arzt stellte eine Menge Fragen. Er hatte den Blog auch gelesen und wusste, dass die Familie einen Hund hatte.
„Gehst du auch mit dem Hund spazieren?"
„Ja, aber es wird immer anstrengender, denn in letzter Zeit habe ich oft Fieber."
„Hattest du schon mal einen Zeckenbiss? Dein Hund hat

doch sicher auch schon Zecken gehabt, oder?“
„Ja, aber das ist schon lange her. Mein Vater hat sie entfernt.“
„Dann will ich dir mal Blut abnehmen und es untersuchen, ich habe eine Idee.“
Gesagt getan. Die Diagnose war schnell erstellt.
Jimi hatte Borreliose, die Krankheit war schon ziemlich fortgeschritten. Darum entschied der Arzt, dass der Junge eine Kur mit Spritzen erhalten solle. Deswegen wies er ihn in ein Krankenhaus ein.
Carlo, der Sohn von Dr. Jonson, war natürlich gekommen. Er erzählte dem Jungen, dass sein Vater schon mal jemand so behandelt hätte und derjenige nun völlig gesund wäre.
Jimi sah ihn hoffnungsvoll an.
„Wirklich?“ Mehr Worte brachte der Junge nicht heraus im Moment.
„Ich komme dich jeden Tag besuchen“, versprach Carlo.
Täglich verbesserte sich Jimis Zustand. Seine Familie konnte es fast nicht glauben, für alle war es wie ein Wunder.
Natürlich erzählte Jimi seine Leidensgeschichte nun ganz ausführlich auf seinem Blog.
Er hoffte, dass die Leute besser aufpassen und jeder, der von einer Zecke gebissen wurde, sofort einen Arzt aufsuchen würde.
„Ich bin nun sehr glücklich, ich kann wieder mit meinen Brüdern spielen“, schrieb er, „und, ich habe einen neuen guten Freund, es heißt Carlo. Und wenn er mich jetzt Zecke nennt, dann ist es super. Ich trage den Namen mit Stolz!“ Er zitierte: „Gesundheit ist doch das Wichtigste im

Leben. Habt Mut und lasst euch behandeln."
Inzwischen hatte er tausende von Menschen erreicht.
Es war schon fantastisch, wie schnell sich Nachrichten verbreiten auf so einem Blog im Internet.

Alle Menschen freuten sich mit Jimi, als er ein Foto von sich zeigte, wie er auf beiden Beinen dastand und fröhlich winkte. Im Hintergrund tobte ein Hund – ob der wohl Zecken hatte?

„Was hast du gesagt?“
„Bald werden sie wiederkommen und uns töten“, habe ich gesagt.
„Du spinnst ja, wer soll es denn bei dem Wetter wagen in den Wald zu gehen, ich lach mich tot, äh schief“, sagte die Fichte zu der Blautanne.
„Wenn ich es dir sage, letztes Jahr hatte ich es deutlich gehört, als ein Mann sagte: „Diese da kommt das nächste Mal dran.“
Dabei zeigte er mit seinem Finger auf mich.
„Du fantasierst ein wenig, wie mir scheint, wo ist dein Stolz geblieben?“
„Ich habe Angst, das hat doch nichts mit Stolz zu tun, du siehst es ja, meine Nadeln sind schon ganz blau, das kommt von der Aufregung.“
„Ach ja, dein Blutdruck ..., kannst du nicht endlich damit aufhören, wir Nadelbäume haben gar keinen Blutdruck.“
Beleidigt starrt die Blautanne vor sich hin.
„Und wenn doch?“
Ein leises Kichern war zu hören. Die anderen Bäume waren aufgewacht und hatten die Diskussion gehört.
Die Eule, die etwas versteckt auf einem Ast saß, riss die Augen auf.
Sogar der Mond staunte, dann verschwand er langsam und machte Platz für den Tag.
Die Sonne konnte aber gar nicht durch die dicken Wolken scheinen.
„Nun fängt es auch noch zu schneien an“, jammerte die

Blautanne.
„Der Winter halt", meinte die Fichte.
„Hört ihr das? Sie kommen. Die Männer kommen und wollen mich schlagen."
Die Blautanne hatte richtig gehört, sie zitterte wie Espenlaub.

Ganz betrübt schauten nun alle Bäume zu, wie zwei Männer die große Blautanne fällten.
Sie hörten wie sie sagten: „Eine wirklich schöne Blautanne, die Leute werden dieses Jahr staunen, wenn sie den Baum auf dem Marktplatz sehen werden."
Die Fichte wurde zornig, sie schüttelte sich vor Wut, sodass ihre Zapfen nur so herunterprasselten.
„Das ist ja grauenhaft, wir sollen den Menschen Freude bringen, indem sie uns fällen? Das soll Weihnachten sein? Ich protestiere! Leute, das geht einfach nicht!"
Sie holte tief Luft und schrie noch lauter: „Die Leute sollten mit ihren Kindern in den Wald kommen und uns hier bewundern. Wir allein spenden doch Sauerstoff für alle."
Nach einer Pause rief sie: „Hey, Blautanne, es tut mir leid für dich, sorry, dass ich dir nicht glaubte, ich würde dir sehr gerne helfen, wenn ich könnte."
Man hörte ein leises Flüstern: „Lebt wohl."
Die Wald-Fee hatte alles gehört, ergriffen weinte sie still vor sich hin.
Pünktlich zum ersten Advent erhellten elektrische Sterne die ganze Stadt. Man konnte gebastelte Engel und handgezogene Kerzen kaufen an den Ständen.
Der Duft von Lebkuchen, Nüssen und saftigen Mandarinen

lag in der Luft.
Kerzen flackerten in den Laternen. Ein Kinder-Chor sang wunderschöne Weihnachtslieder.
Die Blautanne hatte man aufgestellt und mit farbigem Kugeln behangen.
Freuen konnte sie sich darüber gar nicht, denn sie wusste nur zu gut, dass sie keine Wurzeln mehr hatte und bald sterben würde.
„Warum bleiben plötzlich alle Menschen stehen?", fragte sie sich.
Dann hörte sie, wie eine Frau laut vorlas:

"Weil bald Weihnachten ist, muss ich sterben,
warum nur, stürzt ihr uns ins Verderben?
Im Wald noch sehr viele Tannen stehen,
geht dorthin, ihr werdet staunen und sehen.
Wir spenden euch Sauerstoff zum Leben,
warum wollt ihr das nicht verstehen?"

Nun überlegte die Weihnachtstanne: „Ich spüre etwas, diese Tafel, hat bestimmt die Fee an einen Ast bei mir aufgehängt, das ist ja ... Klasse ist das,
danke liebe Wald-Fee."
Die Fee hatte es gehört und freute sich gewaltig.

„Ich werde das nächste Jahr nicht mehr hier sein können, aber meine Freunde, die Tannen, werden sich bestimmt freuen. Weihnachten ist also doch, das Fest der Liebe."
Die Menschen auf dem Marktplatz waren tief beeindruckt. Sie konnten zwar die Worte der Weihnachtstanne nicht

hören, aber alle nahmen sich den Spruch zu Herzen.
In ihrem Heim stellten die Menschen selbstgeschnitzte Engel auf oder bastelten mit ihren Kindern zusammen wunderschöne Sterne und Herzchen, die sie an den Fenstern oder an einer Wand aufhängten.
Der Wald war gerettet.
Die Wald-Fee schwebte von Tannenbaum zu Tannenbaum, um die wunderbare Nachricht zu verkünden.
Der Wind pfiff eine sanfte weihnachtliche Melodie, deren himmlischen Klänge bis zum Marktplatz hinüber wehte, sie zauberte den Menschen ein fröhliches, friedliches Lächeln ins Gesicht.

Mimi und der Krimi

Mimi war eine Langschläferin.
Denn am Abend las sie immer noch einen spannenden Krimi im Bett. Sie las, je nachdem wie müde sie war, einige Seiten, bis ihre Augenlider fast zufielen, dann legte sie das Buch schnell auf das Nachtischchen, löschte das Licht und schlief sofort ein. Sie hörte nur noch kurz wie ihr Mann murmelte: „Endlich!“
Mimi erwachte, als sie ein Geräusch im Haus hörte, sie tastete mit einer Hand neben sich und merkte, dass ihr Gatte schon aufgestanden war. Ach ja, er musste ja an eine wichtige Sitzung, das hatte er ihr am Abend gesagt und auch, dass er nicht frühstücken würde, da vor Beginn der Sitzung Kaffee und Gipfeli parat stehen würden.
Aber was war das denn für ein Geräusch gewesen? Ganz leise schlich Mimi zur Treppe, da hörte sie wieder etwas. Glasklirren kam aus dem Keller. Ach du meine Güte, was konnte das denn sein?
Oh Gott, ein Einbrecher. Das war ihr erster Gedanke. Man hatte gesehen, dass das Auto weg war und dass alles ruhig im Haus schien. Also war es eine günstige Gelegenheit zum Einbrechen.
Ein kalter Schauer lief Mimi den Rücken hinunter, sie ging ganz leise auf ihren nackten Füßen zurück ins Schlafzimmer, schlüpfte in ihren Trainingsanzug und harrte der Dinge, die da kommen sollten.
Jemand war wirklich ins Haus eingedrungen, denn nun hörte sie deutlich, wie Schubladen aufgerissen wurden und auf das Parkett geschmissen wurden. Der Einbrecher

suchte nach Geld und wertvollen Sachen.
Na ja, im Schrank stand eine Kassette mit einigen Hundert Franken, denn heute wollte sie zum Shoppen in die Stadt, mit ihrer Freundin.
Mimi hoffte, dass der Unbekannte das Geld bald finden und dann abhauen würde, denn inzwischen hatte sie richtig Angst bekommen.
Sie überlegte krampfhaft, was sie tun könnte, denn es war ziemlich sicher, dass der Kerl auch nach oben kommen würde.
„Warum lese ich eigentlich immer Krimis?“, murmelte Mimi, „da sollte mir doch irgendein Licht aufgehen.“
Das Handy war natürlich unten. Um Hilfe schreien war sinnlos, denn der Nachbar war auch nicht zu Hause.
Ach ja, das Pfefferspray war ja in ihrer Handtasche, zum Glück stand diese im Schlafzimmer. Leise Schritte kamen nun die Treppe hoch. Mimis Herz klopfte wie wild, in Panik schnappte sie nach einer Vase. So bewaffnet stand sie hinter der Tür. Quietschend ging diese auf, Mimi fackelte nicht lange, sobald sie eine dunkle Gestalt erblickte, schlug sie mit der Vase zu und sprühte fast gleichzeitig das Pfefferspray. Der Einbrecher fiel wie ein schwerer Sack zu Boden und schrie laut auf. Ein paar Tropfen Blut rann über seine Stirn. *Hoffentlich habe ich ihn nicht umgebracht,* dachte Mimi, als sie flink wie ein Wiesel aus dem Zimmer und die Treppe hinunter rannte bis zum Telefon.
Aufgeregt wählte sie die Nummer der Polizei und rief in den Hörer. „Hier Mimi Müller ... Äh, ein Einbrecher ist bei uns im Haus, kommen Sie bitte schnell.“

Ihre Adresse hätte sie fast noch vergessen zu sagen. Dann stolperte sie nach draußen. Ein paar Minuten später raste ein Polizeiwagen mit Blaulicht herbei. Zwei Beamte in Uniform sprangen eilig aus dem Wagen und rannten auf das Haus zu, auf das Mimi mit zitternder Hand zeigte.
Der Verbrecher kam gerade wieder zu sich, als die Handschellen zuschnappten.
„Gute Arbeit, Frau Kollegin", sagte ein Polizist scherzhaft und reichte der totenbleichen Mimi ein Glas Wasser.
Das hätte schlimm enden können. Um die Vase war es nicht schade, die hatte Mimi noch nie gemocht, ein Geschenk ihrer Schwiegermutter. Ihr grauste vor der ganzen Aufräumarbeit. Ihr Geld bekam sie sofort zurück, der Dieb hatte es in der Hosentasche.
Sie schrieb ihrem Mann eine SMS, denn sie konnte ja die Sitzung nicht stören mit einem Anruf. Dann rief sie ihre Freundin an und schilderte, was sie eben erlebt hatte.

Die Türglocke erschreckte sie, vor ihr stand ihre liebe Schwiegermutter. Ihr Mann hatte ihr Bescheid gesagt.
Mimi fand das irgendwie sehr aufmerksam, denn ihre Schwiegermutter half ihr beim Aufräumen und beruhigend war es auch, dass jemand da war, der sie tröstete.
„So, meine Liebe", sagte dann die Schwiegermama: „Zieh dir etwas Hübsches an. Dann gehen wir zuerst mal etwas essen und danach gehen wir zusammen shoppen, denn schließlich brauchst du unbedingt eine neue Vase. Eine noch viel Schönere werden wir zusammen aussuchen."
Das freute die Krimi-Leserin. Ihre Schwiegermama bekam

eine feste, liebevolle Umarmung. Und sie dazu eine Vase, die an Hässlichkeit kaum zu überbieten war. Doch schwer war sie, sehr schwer!

Mars besucht Erde

Nach dem Duschen zog Romy ihren gelben, flauschigen Bademantel an. Der Tag war wirklich sehr anstrengend gewesen, dazu noch diese hohe Temperatur.
Die Hitze in meinem Haus kann eine furchtbare Tortur im Sommer sein. Daran ist das Flachdach schuld, dachte sie. Ich sollte mir im Hobby-Keller einen Schlafplatz einrichten, dort ist es bestimmt etwas kühler.
Plötzlich blieb sie wie angewurzelt stehen.
Was war das? Sie hatte das Gefühl, sie müsse sich die Ohren zuhalten, denn ein außergewöhnlich hoher Pfeifton schwebte in der Luft, sozusagen genau über ihr. Es war ein Gefühl, als ob eine Glasglocke sich über sie stülpen und ihr die Luft zum Atmen rauben würde. Sie versuchte verzweifelt zu ergründen, was das sein könnte.
„Du lieber Himmel“, flüsterte sie nun, „das hört sich gespenstisch an, als wäre ein Ufo auf dem Flachdach meines Hauses gelandet.“
Sie hatte natürlich noch nie so ein Ding gesichtet, außer in einem Film, den sie mal gesehen hatte. Geglaubt hatte sie das Ganze damals nicht, sie war der Meinung, dass es keine Ufos gäbe, basta.
Aber nun kroch ihr die blanke Angst den Rücken hoch. Sie war unfähig, sich zu bewegen. Ihre nassen Haare tropften auf den Boden und einige Wassertropfen liefen über ihre Stirn. Sie vermischten sich mit dem Angstschweiß, der sich dort gebildet hatte.
Das unheimliche, unwirklich klingende schrille Geräusch entfernte sich etwa zehn Minuten später, ganz langsam.

Romy wollte zur Tür gehen, um einen Blick in den Nachthimmel zu werfen, aber ihre Beine gehorchten ihr nicht, die Angst war noch immer zu groß.
Was ist, wenn mich jemand draußen erwartet und entführt?, dachte sie verängstigt. Es verschwinden doch immer wieder Leute, man liest doch dauernd davon in der Zeitung. Aber wer würde mich schon vermissen? Mein Exmann sicher nicht, der hat genug Frauen um sich herum. Die wirrsten Gedanken kreisten durch ihren Kopf. Nachdenklich ging sie ins Schlafzimmer. Müdigkeit übermannte sie trotz der ganzen Aufregung. Kaum kam sie mit ihrem Kopfkissen in Berührung, war sie auch schon fest eingeschlafen.
Das Schrillen des Weckers brachte Romy aus ihrem traumlosen Schlaf in die Wirklichkeit zurück.
Im ganzen Haus brannte Licht.
„Na sowas, ich habe vergessen alle Lampen zu löschen, das ist mir ja noch nie passiert", grummelte sie erstaunt vor sich hin.
Zum Frühstück trank sie Tee und aß einen Apfel. Beim Verlassen des Hauses bemerkte sie ein offenstehendes Fenster im Wohnzimmer. Kopfschüttelnd schloss sie es. Dann fuhr sie mit ihrem alten, schon etwas klapprigen Auto zur Arbeit ins Büro.
„Guten Morgen, Romy", rief ihr ihre Freundin auf dem Parkplatz entgegen und winkte fröhlich. „Sag mal, hast du diese komischen Sirenen in der Nacht auch gehört?"
Romy blieb stehen. Nun erst erinnerte sie sich wieder an das angstmachende Ereignis Des gestrigen Abends
„Ja, Nina, ich habe mich fürchterlich erschrocken, dieser

unheimliche Ton schwebte direkt über meinem Haus."
„Hm, ich habe es von weit her gehört und dachte, es sei vielleicht die Feuerwehr oder eine Sirene."
Romy schüttelte den Kopf. „Ich kann dir nicht sagen, was es war. Jedenfalls hab ich mich total erschrocken. Es war irgendwie unheimlich. Ach, ich habe Kopfschmerzen, ich hole mir mal ein Aspirin aus unserer Büroapotheke."
Anscheinend hatte niemand von den anderen Kollegen etwas gesehen oder gehört.
In der Tageszeitung stand auch kein Bericht über geheimnisvolle Nachtgeräusche. Hatte es denn sonst keinen beunruhigt?
Romy löste die Schmerztablette in einem Glas Wasser auf und massierte sich sanft ihre Schläfen. Plötzlich hielt sie inne. Sie fühlte eine kleine Beule am Haaransatz. Ich muss mir wohl gestern den Kopf angeschlagen haben, sowas Dummes, fluchte sie innerlich.

Romy trank das Glas mit der Medizin aus und hoffte auf Besserung. Aber es half nicht, ihr Kopf dröhnte auch einige Zeit später noch immer erbärmlich.
Sie meldete sich beim Chef: „Entschuldigen Sie bitte, ich muss nach Hause fahren, ich habe furchtbare Kopfschmerzen."
„Gehen Sie nur, ich wünsche Ihnen gute Besserung, Frau Aebi. Erholen Sie sich gut, aber bitte gehen Sie zum Arzt. Man darf sowas nicht auf die leichte Schulter nehmen. Wer weiß, was dahintersteckt."
Ihr Chef war sehr beliebt bei allen Mitarbeitern, denn er hatte sehr viel Verständnis.

„Danke, das werde ich tun. Es ist kaum auszuhalten."
Sie war nicht imstande selbst zu fahren, darum bestellte sie ein Taxi. Romy nahm sich vor, es sich zuerst auf dem Sofa bequem zu machen und bei geschlossenen Läden auszuruhen, mit einem Eisbeutel auf der Stirn.

Ahnungslos schloss sie die Tür auf und merkte sofort, dass etwas nicht stimmte, irgendetwas war hier nicht wie sonst.
Sie erschrak heftig, ihr Herz machte einen schmerzhaften Sprung, dann schrie sie auf. Sie traute ihren eigenen Augen nicht! Denn zwei grüne Gestalten saßen auf ihrem Sofa und starrten sie an. Bevor Romy etwas sagten konnte, fing einer der beiden zu reden an.
„Guten Tag, wie geht es dir?"
Sie atmete tief durch, ihre Kopfschmerzen waren plötzlich wie weggeblasen.
„Wer seid ihr und was macht ihr in meinem Haus?" Nun bemerkte sie erst, dass die beiden ziemlich klein waren, keine Haare auf dem Kopf hatten und ihre Kleidung merkwürdig aussah, irgendwie uniformmäßig. Es war ihr daher ganz normal vorgekommen, sie zu duzen.
Beide Jungs rutschten vom Sofa herunter.
„Wir wollten dich gestern schon besuchen, du warst aber zu müde, darum sind wir heute wieder hier."
„Ach ja? Das ist Hausfriedensbruch", sagte Romy und kramte in ihrer Tasche nach dem Handy.
„Na, na, wir tun dir doch nichts! Wir hatten nur eine kleine Panne. Die Polizei würde ich nicht anrufen, denn die würde dir sowieso nicht glauben, dass du Marsmenschen

zu Besuch hast", sagte der eine grinsend.
Romy ließ sich in den Sessel fallen. Sie wusste einfach nicht, ob sie träumte oder wach war.
„Aha", sagte sie gereizt, „ihr wart das gestern über meinem Haus."
„Natürlich, wir haben jemand ausgewählt und die Wahl hast du gewonnen."
„Das verstehe ich nicht ganz, was meint ihr mit `ausgewählt`?"
„Du wirst uns alles beibringen über deine Heimat Erde."
Romy bekam einen nervösen Lachanfall.
„Ich? Warum ich? Ich bin nun wirklich keine Expertin, was unseren Planeten betrifft. Woher kennt ihr meine Sprache eigentlich?"
Nun grinsten beide – man konnte dabei ihre Zähne sehen, aber die waren nicht weiß, sondern grün und spitz, genau wie ihre Ohren auch. Irgendwie sahen sie komisch aus, mit den roten Schlitzaugen noch dazu.
„Das war einfach, es gibt ja Kurse, welche wir abhören können. Wir können alles hören, was hier bei euch so passiert und da du nun einen Sender unter der Haut hast, werden wir bald noch mehr wissen."
Romy griff sich an den Kopf, dort wo sie die Beule hatte.
„Damit bin ich nicht einverstanden, nehmt mir das Ding sofort wieder heraus", schrie sie entsetzt.
„Das geht nicht, das hat unser Chef befohlen. Nur er kann es wieder entfernen lassen."
„Wie, was? Noch jemand war hier? Ich werde wahnsinnig! Das geht doch nicht, es macht mir Angst. Und nun verschwindet, ich will euch nicht mehr sehen, ihr

hässlichen grünen Monster."
„Du kannst uns gern beim Namen nennen, ich bin Tip und mein Freund heißt Top."
Ach du liebe Zeit, dachte Romy, was für ein Desaster, das glaubt mir niemand, ich kann es selber nicht fassen.
„Stimmt, das glaubt dir kein Mensch", grinste Tip unverschämt, „denk nur ruhig weiter, wir hören alles. Du siehst plötzlich so blass aus ... Top, hol ihr ein Glas Wasser."
Mit einer Hand, die scheinbar nur aus Knochen bestand, stellte Top ihr das gefüllte Glas hin.
„Trink es ruhig, es ist Wasser aus deiner Küche."
Vorsichtig nahm Romy einen Schluck. Sie war immer noch geschockt.
„Wir trinken etwas ganz anderes", lachte Top belustigt und wackelte mit seinem kahlen Kopf, der nun einem grünen Wackelpudding ähnelte. „Ich würde es dir verraten, aber du wirst es nicht kennen und nicht verstehen, denn nur bei uns auf dem Mars kann man das bekommen."
Romy realisierte immer mehr, dass sie nicht träumte, darum fragte sie etwas forsch: „Nun bin ich aber gespannt, was trinkt ihr denn so? Braut ihr etwa Bier?"
Top kratzte sich an den spitzen Ohren, dann fing er an zu erzählen: „Bei uns wachsen nur Marsinis, das ist eine grüne Pflanze, ähnlich wie eure Kartoffeln. Sie sind aber viel besser im Geschmack und wir können einfach alles damit machen. Die Wurzeln werden gepresst, das gibt Saft zum Trinken. Die Blätter werden gemahlen, das ist unser Gemüse. Der Samen der Blüten verteilt sich über den ganzen Marsboden und es fängt sofort wieder zu wachsen an, wenn man es abschneidet. So geht uns der Saft nie aus,

den wir sogar auch als Treibstoff verarbeiten und benutzen. Da staunst du, wie ich sehe."

Romy hatte aufmerksam zugehört. Nun klappte sie den Mund wieder zu. „Ja, ich muss zugeben, das ist wirklich sehr erstaunlich." Zaghaft fragte sie: „Kann ich von dem Saft probieren?"

Die beiden Außerirdischen sahen einander skeptisch an.

„Hm, kein Lebewesen von eurem Planeten hat das je gekostet", meinte Tip. „Warte eine Sekunde, ich gebe dir davon."

Er holte ein grünes Fläschchen aus seiner Brustasche hervor und ließ ein Tröpfchen daraus auf Romys Hand tropfen.

Sie leckte mit der Zunge daran, verdrehte die Augen etwas und rief: „Das schmeckt köstlich, kann ich noch mehr davon haben? Hoffentlich verträgt mein Magen das."

Tip ließ noch ein Tröpfchen in das halbgefüllte Glas Wasser fallen, was Romy sofort trank.

„Hey, das Zeug ist gut, sehr gut sogar, ihr bringt mich auf eine Idee, das würde doch bestimmt auch in meinem Garten wachsen, oder? Davon könnte ich Limonade herstellen und das Getränk verkaufen."

„Nein, das wächst nicht auf der Erde. Bei uns herrscht ein anderes Klima, aber wir könnten dir etwas davon abgeben. Das muss aber unser Geheimnis bleiben."

„Natürlich, klar doch, ich bin verschwiegen wie ein Grab."

„Was ist ein Grab?", wollten die beiden wissen.

„Naja, in ein Grab legt man Tote hinein." Beide starrten sie an. „Zum Beispiel, mein kleiner Hamster ist letzte Woche gestorben, da habe ich eine Grube geschaufelt und ihn

darin begraben. Ich war sehr traurig."
„Bei uns stirbt niemand, das ist uns fremd."
„Sorry, das ist mir unbegreiflich, ihr seid unsterblich? Wohnen denn viele, äh, kleine Marsmännchen oben bei euch?"
„Unser Volk ist nicht klein, aber auch nicht groß, gezählt habe ich noch nie."
Romy wurde immer neugieriger: „Habt ihr auch Kinder und Tiere?"
„Nein, wir vermehren uns nicht, das ist auch gut so. Und für Tiere hätten wir keine Zeit, wir sind viel unterwegs mit unseren Ufos, wie ihr Menschen unsere fliegenden Luftschiffe nennt. Fast jeder arbeitet in der Werkstatt, um die Schiffe immer weiter zu verbessern. Natürlich haben wir auch eine Funkzentrale, damit alles seine Ordnung hat. Dort können meine Kollegen alles auf der Erde beobachten."
„Man kann uns hier beobachten?"
„Klar."
Romy verdrehte die Augen. „Das ist ja der absolute Wahnsinn. Soll ich nun lachen oder weinen?"
„Warum weinen?", fragte Top. „Dazu gibt es keinen Grund, wir weinen nie. Aber lachen müssen wir viel, wenn wir eurem Volk zusehen. Ihr seid oft sehr kompliziert und amüsant."
Daraufhin lachte er so laut, dass Romy erschrocken zusammenzuckte.

Inzwischen war es dunkel geworden.
Ein leiser Pfeifton erfüllte die Luft, das Ufo war unterwegs,

um wieder zu landen.
Wie gut, dass bei mir ein paar hohe Tannen um das Haus wachsen, dachte Romy, die Leute aus dem Dorf würden sonst alles sehen und bestimmt neugierig herbeilaufen.
Tip war durchs Fenster hinausgeklettert und bald darauf brachte er eine große Flasche mit der grünen Flüssigkeit herein.
„So, Romy, hier hast du Saft von unseren Marsinis, aber verschwende nichts davon, ein paar Tropfen genügen, damit kannst du viele Liter feinster Limonade herstellen, ohne Zucker natürlich. Das Wunderbare daran ist, das Getränk bleibt ewig haltbar. Wir müssen nun gehen, denn unser Kapitän wartet, wir bleiben in Kontakt, bye bye.“
Sie konnte sich nur noch schnell bedanken. Schon waren die beiden verschwunden.

Das unnatürliche Pfeifen entfernte sich.
Romy sah die grüne Flasche lange an, das war der Beweis dafür, dass sie nicht geträumt hatte.
Sie ging in den Keller, dort lagen noch einige leere Flaschen im Regal. Sie spülte sie gründlich aus, dann füllte sie Wasser hinein, gab sehr vorsichtig zwei Tropfen von dem Mars-Wundermittel in jede Flasche hinzu und verschloss sie sorgfältig.
Nun klappte sie ihren Laptop auf, denn ein cooler Aufkleber musste her.
Sie schrieb “Mars`two“ auf das Etikett. Das war exakt, denn in jeder Flasche waren ja nur zwei Tropfen Marsini drin, nicht mehr und nicht weniger. Ihr fiel einfach kein besserer Name ein.

„Dann rocken wir mal den Getränke- Markt“, sagte sie laut.

Der Schlaf ließ lange auf sich warten in dieser Nacht. Schuld war die ganze Aufregung. Aber irgendwann fiel sie dennoch in einen kurzen, unruhigen Schlaf.
Am Morgen packte sie eine Flasche “Mars`two“ ein und fuhr per Taxi zum Büro, denn ihr Auto hatte sie ja am Vortag stehen lassen.
„Na, Romy, geht es Ihnen wieder gut?“, fragte ihr Chef.
„Ja, danke, ich bin okay, das lag wohl am Wetter“, gab sie entschuldigend Auskunft.
Nun platzierte sie die Flasche und ein Glas auf ihrem Schreibtisch und fing mit der Arbeit an.
Ihre Kollegin Nina hatte die neue Flasche sofort entdeckt.
„Was trinkst du denn da? darf ich probieren?“
„Natürlich, ein Freund schenkte es mir, es ist etwas ganz Besonderes.“
Nina schenkte sich etwas ein. Ihr Gesichtsausdruck war filmreif, als sie trank. „Mars`two“, las sie laut vor. „Wo kann man das Wässerchen denn kaufen?“
„Vorläufig nur bei mir.“
„Hast du die Flasche vom Mars?“, fragte ein anderer Kollege neugierig grinsend.
Romy nickte verschmitzt lächelnd. „Genau, ich war gestern schnell oben ...“
Natürlich glaubte der Kollege das nicht, auch die anderen fanden ihre Antwort witzig.

Nach Feierabend sah es in Romys Küche sehr merkwürdig aus. Dutzende von Flaschen wurden gefüllt und bekamen

samt dem Aufkleber auch ein Preisschild.
„Ach, Tip und Top“, stöhnte sie, ich habe gar kein Feierabend mehr, ich brauche Hilfe.“

Schon am nächsten Tag tummelten sich sechs hilfsbereite Marsmenschen in ihrer Küche und füllten Flaschen ab, die sie auf ihrem Planeten hergestellt und einfach mitgebracht hatten. Sie waren aus bruchsicherem Material.
Die Bewilligung für dieses neue Geschäft, flatterte nach ein paar Tagen, einfach so ins Haus. Die Menschen vom Mars hatten an alles gedacht, sie hatten sogar das Produkt "Mars`two“ patentieren lassen, unter Romys Namen.
Ihr war absolut schleierhaft, wie diese gewitzten Wesen das erreicht hatten.

Der Chef vom nahen Supermarkt gab telefonisch eine Bestellung auf. „Ihr Getränk schmeckt gut, danke für die Probeflasche.“
Romy war erstaunt, sie wunderte sich aber schon gar nicht mehr wirklich. Ihr Haus war plötzlich zur Fabrik geworden, quasi von einem Tag auf den anderen. Das Geschäft blühte.

Aus dem All herunter suchte man ein geeignetes Fabrikgelände zum Mieten – und tatsächlich wurden sie schnell fündig. Das Gebäude war neu. Die Einrichtung war schnell installiert, viel wurde ja nicht gebraucht.
Das Wasser nahmen sie aus einer reinen Quelle in der Nähe, die einfach nur so vor sich hin plätscherte, um dann

in den Rhein zu fließen. Eine Verschwendung. Natürlich hatten die Marsmenschen das fließende Nass kontrolliert, Es war herrlich mineralstoffreich und enthielt keine Schadstoffe.

Nun lief die Produktion auf Hochtouren.

Fast jeder Mensch wollte das neue Getränk kaufen.

Eine lustige Werbung im TV verdoppelte den Umsatz.

Tip und Top hatten sich bereiterklärt, im Werbefilm mitzuspielen. Sie hatten noch nie so viel Spaß gehabt. Allerdings hatte Romy die beiden umgetauft. Sie fand, Tim und Tom würden besser in die hiesige Welt passen. Alle TV-Zuschauer dachten, dass man verkleidete Kinder zeigen würde, niemand ahnte, was wirklich gespielt wurde – dass alles wahrhaftig kein Fake war, merkte kein Zuschauer. Alle redeten nur noch über diesem gelungenen Spot. Das Video hatte schon mehr als zwei Millionen Likes bei YouTube.

Romy kündigte im Büro.

Ihr Chef und alle Kollegen bedauerten, dass sie die Firma verlassen wollte.

„Ich habe einen neuen Job, der bedeutet mir viel," verteidigte sie ihren Entschluss.

Mit Nina ging sie zum Italiener um die Ecke, um sich zu verabschieden, bei einem Glas Wein. Sie erklärte ihr, dass sie nun viel reisen würde.

„Das kann ich gut verstehen, du hast ja schon so viel Schicksalsschläge ertragen müssen. Ich freue mich sehr für dich", meinte ihre Freundin etwas traurig.

„Ich melde mich bestimmt bei dir, wenn meine Firma

richtig läuft. Dann habe ich sicher viel mehr Freizeit.“

Romy hatte einen Geschäftsführer eingestellt und auch mehrere fleißige Mitarbeiter. Alles lief wie am Schnürchen, gesteuert von der Marszentrale. Es gab neue, gutbezahlte Arbeitsstellen. Tim und Tom alias Tip und Top, arbeiteten nicht in der Fabrik, das wäre zu auffällig gewesen.

Das Bankkonto der Firma “Mars`two“ schnellte täglich in die Höhe.

Die Marsmenschen bauten noch bessere Ufos, denn an Geld fehlte es ja nun nicht mehr.

Natürlich hatten Tip und Top ihr Wort gehalten. Sie hatten viel erfahren über die Erde und ihre Bewohner, auch dank ihrer schnellen Auffassungsgabe hatten sie sehr viele Sprachen gelernt.

Romy war so stolz auf ihre kleinen Männer und natürlich auf das super feine, gesunde Getränk.

Es war wirklich die Sensation des Jahrhunderts geworden.

Eines Tages las sie in der Zeitung, dass so viele Menschen an Hunger und Durst sterben würden. Sie wusste schon länger davon, aber sie hatte nie weiter darüber nachgedacht. Irgendjemand von der Regierung wird das schon richten ..., aber das war komplett anders gelaufen. Niemand half so richtig.

„Ich muss etwas unternehmen, sofort“, redete sie vor sich hin.

Es war die erste Konferenz, die sie einberief. Ein riesiger Bildschirm wurde in ihrem Wohnzimmer installiert, mit einer Reichweite bis zum Planeten Mars. Die “NASA“ hätte

sich sehr darüber gewundert, denn die hatten vor, den roten Planeten zu erkunden. Das würde allerdings noch ein paar Jahre dauern.
An dem Tag versammelten sich fast alle Mars- Bewohner am Bildschirm, um dem Gespräch beizuwohnen.
Für ihre Rede brauchte Romy nur knappe zehn Minuten.
„Hallo, ihr lieben Leute da oben. Ich danke allen meinen so wunderbaren Helfern ganz herzlich, das will ich euch zuallererst mitteilen. Ich bin so froh über unsere Zusammenarbeit und so stolz, dass gerade ich ausgewählt wurde. Das hatte ich am Anfang gar nicht verstanden. Doch nun bin ich sehr glücklich darüber. Denn wer kennt schon Außerirdische hier bei uns? Ihr seid wirklich wahre Freunde. Trotzdem bin ich unfassbar traurig, denn auf der anderen Seite der Erde sterben Menschen an Durst und Hunger! Es muss etwas dagegen unternommen werden. Ich bin überzeugt, ihr könnt Abhilfe schaffen, bitte denkt darüber nach."
Niemand klatschte Beifall, aber alle nickten besorgt. Einer von der ganzen Sippe stand auf: „Mein Name ist Yen, wir werden uns darum kümmern."
Romy nahm an, dass er so etwas wie den Präsidenten-Posten innehatte. Sie bedankte sich herzlich und winkte freundlich zum Abschied.
„Bye bye", riefen alle im Chor.
„Noch eine Bitte von mir", sagte Yen fast flüsternd: „Romy, ich lade dich ein, uns zu besuchen." Er lächelte und sah die junge Frau fragend an.
„Ich denke darüber nach", antwortete sie ernst.

Eine neue große Fabrik wurde am anderen Ende der Welt erbaut. Das war kein Problem, denn mit den Ufos war man schnell an Ort und Stelle. Das Design der Maschinen hatten sie weltlichen Maschinen angepasst, so kam kein Misstrauen bei den dortigen Bewohnern auf.
Romy hätte das Treiben wahnsinnig gerne gesehen.
Ihre Freunde Tim und Tom, wie sie die beiden nun immer nannte, machten es möglich.
Zum ersten Mal in ihrem Leben setzte Romy einen Fuß in ein Ufo. Allerdings hatte es viel Überredungskunst gebraucht von ihren kleinen Freunden. Sie erlebte einen sensationellen Flug, an Geschwindigkeit kaum zu überbieten, und alles sehr komfortabel eingerichtet. Sie kam aus dem Staunen nicht mehr heraus. Die Aussicht war fantastisch in dem durchsichtigen längsförmigen, inzwischen beinahe lautlos fliegenden Weltraumschiff.

Nun konnte sie sich selbst von der Produktion am anderen Ende des Erdballs überzeugen.
Die armen Leute bekamen dort außerdem bereits Verpflegung und ärztliche Hilfe.
Schon bald gab es auch genug Nahrung und keine schlimmen Krankheiten mehr.
Zum Glück gab es immer noch hilfsbereite Menschen auf der Welt. Kein Mensch wusste genau, woher der wundervolle Wandel gekommen war. Es kursierten die wildesten Gerüchte.
Niemand ahnte, dass das alles megatollen Marsmenschen zu verdanken war.
Dank ihnen hatte sich die Welt schlagartig verändert.

Natürlich fragten einige Getränke-Firmen bei Romy an, ob sie die Firma verkaufen würde. Ihr wurde viel Geld geboten, um das Rezept von dem großartigen Getränk zu erhaschen. Man hatte sicher das Gefühl, dass eine alleinstehende Frau dem florierenden Geschäft nicht gewachsen sein könne. Aber sie hatte natürlich keine Lust zu verkaufen und auch nicht die Absicht, ihre kleinen Freunde zu verraten.
Ihr Betrieb wurde vom Planeten Mars aus gesteuert und überwacht. Sie hatte nur zu gerne versprochen das Geheimnis für sich zu bewahren und das tat sie. In gewisser Weise hatte sie selber nicht viel Arbeit mit dem ganzen Unternehmen.
Einige Reporter hatten schon oft versucht, ein Interview zu bekommen. Aber Romy blieb gelassen und verschwiegen. Mehrere Firmen ließen das Mars`two-Getränk in ihren Laboren untersuchen. Doch das Geheimnis der Zusammensetzung konnte logischerweise nicht gelüftet werden.
Romys Ex-Mann tauchte eines Tages auf. Er bereute, dass er sie so oft betrogen hatte. Sie glaubte ihm das natürlich nicht.
„Bitte geh wieder dorthin zurück, von wo du hergekommen bist", sagte sie zu ihm mit erhobenem Kopf und fester Stimme. Er begriff, dass bei ihr nichts zu holen war. Er hätte genauso gut mit einem Felsen reden können.

Über die Einladung von Yen hatte sie lange nachgedacht.
„Ich werde mitfliegen, ich muss es einfach tun", redete sie laut vor sich hin.

Ihre Gedanken waren natürlich bis zu Tim und Tom gedrungen.
Als sie am Abend im TV die Nachrichten anschaute, wechselte plötzlich das Programm auf dem Bildschirm.
Die beiden hatten sich eingehackt.
„Juhu, was für eine Freude, wir werden dich bald abholen", jubelten sie begeistert.
Romy wunderte sich zwar, aber sie war nun schon allerhand gewöhnt und kannte inzwischen die Möglichkeiten der modernen Mars-Technik. Trotzdem war ihr nun etwas ängstlich zumute.
Die Entfernung zwischen unserer Heimat Erde und dem roten Nachbarplaneten Mars ist nicht immer gleich. Sie schwankt extrem, so zwischen 56 und 401 Millionen Kilometern.
Der Mars ist nur alle 16 Jahre von der Erde aus zu beobachten, er wird meistens von der Sonne verdeckt. Es würde ein gewaltiges Abenteuer werden. Astronautenerfahrung hatte Romy natürlich auch nicht. Ihre Freunde waren jedoch der Meinung, dass das kein Problem sei, ihr würde nichts passieren in ihrem modernen Ufo.
Ihr Wegbleiben würde keiner Menschenseele auffallen. Denn das neue Handy, das die Marsbewohner ihr geschenkt hatten, funktionierte einwandfrei mit einer enormen Reichweite.
„In einem Monat bist du wieder hier", sagte Tom.
„Aber vielleicht möchtest du bei uns oben bleiben?", grinste Tim.
„Das kann ich euch nicht versprechen. Mit welcher

Geschwindigkeit fliegen wir eigentlich?"
„Ach, das willst du gar nicht wissen, wir rechnen anders als ihr. Ich muss ein Stündchen schlafen, nachher geht es los." Mit diesem Worten verabschiedete er sich vom Bildschirm und das normale Fernsehprogramm lief weiter, als sei nichts geschehen.

Romy überlegte, was sie als Gastgeschenk mitnehmen könne, aber ihr fiel einfach nichts Passendes ein, oder doch, vielleicht ein kleiner Bergkristall. Sie hatte mal einen gekauft auf einem Weihnachtsmarkt.

Schnell telefonierte sie noch mit ihrer Freundin, um ihr zu sagen, dass sie eine Schiffsreise machen würde. Das war nicht ganz die Wahrheit, aber sie durfte ja nichts verraten. Irgendwie ist ein Luftschiff ja auch ein Schiff, redete sie sich ein.
Sie packte ein paar Kleider zusammen und verstaute den Fotoapparat samt Sonnenbrille in ihre Reisetasche. Von mir aus kann es losgehen, dachte sie.
Schon hörte sie den leisen Pfeifton des Raumschiffs, welches landete.
Kurze Zeit später schwebte das Ufo mit seinen Insassen beladen dem blauen Himmel entgegen, immer höher und höher bis hinauf zu den Sternen.
Schon bald war die Erdkugel zu sehen, welche immer kleiner wurde. Trotz dieser immensen Eindrücke, wurde Romy schläfrig. Sie kippte ihren Sitz etwas nach hinten und schlief bald darauf ein.
Tim und Tom grinsten. Sie freuten sich, dass die

Schwerelosigkeit in ihrem Ufo nicht zu spüren war. Sie waren einfach in Sachen Technik der Zeit um Jahrhunderte voraus.
Auf Romy wartete ein Frühstück, wie sie es zu Hause gewohnt war, als sie aufwachte.
Da sie ganz erstaunt das Tablett betrachtete, flüsterte Tom ihr zu: „Wir haben an alles gedacht, wie du siehst, guten Appetit."
„Danke, das sieht ja lecker aus."
Sie konnte sich anschließend in einem kleinen Bad frisch machen.
Lesestoff befand sich auch genug an Bord. Das Buch "Heiter bis verliebt" und ein paar Krimis lagen auf einem Glasgestell. Aber lesen wollte sie jetzt nicht. Es gab viel zu viel zu sehen in dieser anderen Welt.

Je näher sie dem Ziel kamen, desto aufgeregter wurde Romy.
Nach der Landung gelang sie per Rolltreppe direkt in die unterirdische Höhle. Yen kam ihr freudig entgegen, er verbeugte sich zur Begrüßung. Romy tat es ihm gleich und schenkte ihm den Bergkristall. Das Glitzern des Steins erstaunte ihn. Romy erklärte, dass der Kristall nur in den Bergen existierte.
„Seltsam", murmelte Yen ehrfurchtsvoll, „bei uns gibt es nur Felsen. Ich danke dir dafür. Und nun komm bitte mit, ich möchte dir alles zeigen."
Er ging voraus. Automatisch öffnete sich eine Glastür, er trat zur Seite, um Romy den Vortritt zu lassen.
Sie machte ein paar Schritte, um dann vor Verwunderung

stehenzubleiben.
Noch nie im Leben hatte sie einen schöneren Raum betreten. Einen Moment dachte sie, dass so das Paradies aussehen müsste.
Die Wände leuchteten, aber nirgends sah man eine Lampe. Yen erklärte ihr sofort mit einem Lächeln: „Wir benutzen überall Sonnenenergie."
Eine Wand bestand ganz aus Bildschirm.
„Erde bitte kommen," rief ihr Begleiter. Sofort sah man fantastische vorbeiziehende Live-Videos der Erde. Einfach sensationell.
In dem Gewölbe stand ein runder Glastisch mit bequemen Sesseln drum herum. Sanfte Musiktöne kamen von irgendwo her.
„Das ist Ken, er spielt in einem anderen Raum auf einer Harfe. Wir hören leidenschaftlich gerne Musik."
Romy hörte fasziniert zu. „Wunderschön." Mehr Worte konnte sie nicht aussprechen, denn alles, was sie zu hören und sehen bekam, raubte ihr fast den Atem.
Eine Glastür führte nach draußen. Felder mit den Marsini-Pflanzen zogen sich bis zum Horizont hin. Ein Wasserfall rauschte von einem Felsen herunter, hinein in einen grünlich schimmernden See.
Hunderte von Höhlen zierten die Felsen. Yen zeigte mit seinem knochigen Zeigefinger in die Richtung.
„Dort schlafen wir, jeder hat sein eigenes Heim. Für dich, liebe Romy, haben wir ein spezielles Zimmer hergerichtet. Komm, ich zeige es dir."
Ein Bett aus Glas hatte Romy noch nie gesehen. Vor Bewunderung hielt sie beide Hände vor den Mund. Weiße,

weiche Decken und Kissen zierten die Schlafstelle. „Ich kann nur staunen, tausend Dank für alles."
Yen nickte nur.
„Bitte komm, nun gehen wir alle in die Kantine. Wir essen nur einmal am Tag. Ich hoffe, dir wird es schmecken bei uns. Falls du später Hunger bekommst, bediene dich einfach."
Eine andere Tür öffnete sich. Romy kam sich wirklich vor wie im Märchenland.
Ihr Platz befand sich natürlich neben Yen. Jeder bekam einen Teller mit Gemüse drauf, in den Gläsern schimmerte das bekannte feine Getränk.
Das Essen schmeckte ausgezeichnet, es war speziell gewürzt, mit etwas, was ihr unbekannt war.
Sie konnte es immer noch nicht begreifen, dass sie auf dem roten Planeten zu Gast war.
Yen warnte vor Stürmen, die hier oft vorkamen. Dann solle sie sich in den Höhlen aufhalten, dort würde sie keine Maske brauchen.
Nach dem Essen begleitete er sie zu ihrer Höhle und wünschte guten Schlaf.
„Danke, Yen, den werde ich haben, ich bin sehr müde."

Jemand hatte ein wunderschönes Nachtgewand parat gelegt. Romy war erstaunt über das moderne Badezimmer, das sie vorhin gar nicht gesehen hatte. Alles war vorhanden, vom Duschgel bis zur Zahnbürste. Soviel Luxus hatte sie nicht erwartet.
Sie schlief wie auf Wolken.

Als sie am Morgen erwachte, drang feine Musik durch die Höhle. Eine Stunde später wurde Romy abgeholt, damit sie den Weg zur Kantine finden konnte, wo extra für sie gedeckt war.
Es gab so viel Neues zu beobachten. Ein nie gekanntes Glücksgefühl durchströmte ihren Körper.
Kein Mensch hatte das alles je gesehen – außer mir, dachte sie begeistert.

Ein paar Wochen später kamen Tim und Tom wieder zurück von einer Reise.
"Geschäftsreise" nannten sie ihre Flüge neuerdings.
Beim Essen fragte Romy: „Wann fliegt ihr wieder zur Erde? Ich möchte gern zurück nach Hause. In meinem Garten wird das Unkraut wuchern. Nun bin ich schon einige Wochen hier bei euch … Es ist fantastisch hier, aber ich kann ja nicht ewig bleiben."
„Ach", Yen sah sie überrascht an, „du willst uns schon verlassen? Das ist aber schade." Romy hatte das Gefühl, dass seine schrägen Augen sie ehrfurchtsvoll musterten.
„Die Jungs fliegen Morgen wieder los, das Mars`two ist ausgegangen in einer Fabrik in Afrika. Wenn du mitfliegen willst, ginge das. Ist das in Ordnung?"

Am Abend stand ein Blumenstrauß in Romys Schlafzimmer, auf einem Kärtchen stand geschrieben: Ich wünsche dir einen guten Flug, bis bald, meine Liebe. Yen.
Wie schön. Solche Blumen habe ich hier nirgends entdeckt. Ich muss wohl wiederkommen, um den Planeten noch näher zu erkunden, dachte sie begeistert. Mit diesem

Gedanken schlief sie ein.

Früh am Morgen machte Romy noch ein paar Fotos von der prachtvollen Gegend, dann stieg sie in das Ufo, das schon bereitstand.
Wieder erlebte sie eine tolle, unvergessliche Reise. Herrlich wie die Sterne funkelten. Der Erdball kam immer näher und näher ...

Tim und Tom setzten sie wohlbehalten auf dem Dach ihres Hauses wieder ab. Romy öffnete die Dachluke.
„Wollt ihr noch mit reinkommen?“
„Nein, wir müssen liefern, aber auf dem Rückweg sehen wir uns.“
„Na dann vielen Dank für alles. Ich bin so happy! Ihr seid die nettesten Jungs, die ich kenne.“
Die beiden winkten ihr zu und steuerten das Raumschiff gekonnt wieder in die Lüfte.
Romy stellte die exklusiven Blumen ins Wasser und verschwand bald darauf in ihrem Schlafzimmer.
Sie träumte von einem Leben auf dem Mars, wo es keine Kriege gab, wo alle glücklich und zufrieden waren.
Sie erwachte vom Vogelgezwitscher und streckte sich wohlig wie ein Kätzchen, bevor sie aufstand.
Ihren Trip ließ sie nochmal Revue passieren. War ich wirklich auf dem Mars oder habe ich das alles nur geträumt, sinnierte sie verunsichert.
Sie ging zur Küche und stellte Wasser auf für den Tee.
Nun erblickte sie die Blumen von Yen. „Was für eine Pracht“, sagte sie laut.

Lächelnd setzte sie an den Schreibtisch hin, und druckte die Fotos aus, die sie geschossen hatte. Wunderschöne Bilder zierten nun ihr Schlafzimmer. Bilder, wie sie noch kein Mensch je gesehen hatte.

Falls es der Menschheit wirklich gelingt auf den Mars zu fliegen, muss ich dafür sorgen, dass die Astronauten auf der anderen Seite landen, damit meine Freunde ihre Ruhe haben ... Bis es soweit ist, wird mir bestimmt etwas einfallen, dachte Romy.
Bis dahin bin ich einfach glücklich ...

Die Dose

In einem Häuschen am Waldrand von einem kleinen Dorf, wohnte eine arme Familie. Sie waren nicht wirklich arm zu nennen, denn alle vier Kinder waren gesund. Die Mutter hatte zweimal Zwillinge geboren. Zuerst kamen Max und Moritz. Zwei Jahre später erblickten Mona und Mara das Licht der Welt.

Man kann sich ja vorstellen, was das bedeutete. Das Leben war teuer geworden, sie mussten sehr sparen.

So mancher Streich wurde ausgeheckt von den zwei Knaben. Aber alle ihre Aufgaben, die sie hatten, wurden immer zuerst erledigt. Die Mädchen waren eher etwas still, aber sie halfen auch mit im Haus und Garten so gut sie konnten. Jede Woche nahm der Vater sich die Zeit zu einer Familienversammlung. Das war gut so!

Jedes Kind durfte natürlich seine Meinung sagen, darüber wurde dann lautstark diskutiert.

Die Eltern entschieden, was richtig oder falsch war. Ihre Kinder müssen ja noch so viel über das Leben lernen.

Der Vater war Waldarbeiter, das war keine leichte Arbeit, aber er liebte seinen Beruf. Er konnte sich nicht vorstellen den ganzen Tag in einem Büro zu verbringen. Eines Tages erschien ihm eine Fee, sie hielt eine Dose in ihren Händen. Die Fee sah wunderschön aus, mit ihren langen Haaren und dem luftigen grünen Kleid. Sie setzte sich zu dem Vater auf einen Baumstamm und sprach: „Ich habe dich und deine Familie beobachtet und gesehen, dass ihr sehr viel arbeiten müsst und dass ihr euch liebhabt. Ich darf jedes Jahr jemanden beschenken und habe dich ausgewählt. Hier hast du eine Dose mit Goldmünzen, aber du darfst sie nur öffnen und eine Münze herausnehmen, wenn du wirklich in Not bist, dann wird die Dose niemals leer werden."

Dem Waldarbeiter blieb der Mund offenstehen, denn so etwas hatte er noch nie gehört.

Er stand auf und verneigte sich dankend vor der lieben Fee.

Diese lächelte nur und sagte: „Solltest du aber die Goldtaler verschwenden, wird die Dose leer bleiben ... für immer."

Dann verschwand die Fee des Waldes, so wie sie gekommen war, es sah aus, als ob ein Wölkchen hinter den Bäumen verschwinden würde.

Der Mann staunte immer noch, dann sah er jedoch die Dose da stehen und begriff, dass er nicht geträumt hatte.

Als er am Abend nach Hause kam, stellte er die Dose mitten auf den Tisch und erzählte, was er erlebt hatte.

Die Kinder jubelten und wussten schon, was sie alles haben wollten.

Der Vater schaute seine Kinder an und sagte: „Ihr habt ja eben gehört, was ich euch erzählt habe, wir nehmen nur in der Not ein Goldstück heraus, das habe ich der guten Fee versprochen."

Die Kinder nickten und verstanden. Die Mutter lachte, denn nun brauchte sie sich keine Sorgen mehr zu machen.

„Das ist ja wunderbar, ich hätte die Fee gern gesehen", sagte sie voller Freude.

Die Dose mit dem Gold drin stellte sie auf dem Schrank zur

Zierde. Niemand musste sie jemals öffnen. Sie hatten ja alles, was sie brauchten.
Nur einmal hatte die Mutter daran gedacht, sie zu öffnen, um einem armen Wanderer mit zerrissenen Kleidern eine Münze zu schenken, als er anklopfte und ein wenig Wasser haben wollte.
Doch dann nahm sie das Geldstück einfach aus ihrer Haushaltskasse. Denn sie wusste ja, dass in allergrößter Not, die Dose bereitstand.
Der Mann hatte sich tausendmal dafür bedankt, denn er hatte noch nie von jemanden ein Geldstück geschenkt bekommen.

Die ganze Familie lebte glücklich und zufrieden, ihr ganzes Leben lang. Und so erfuhren sie nie, dass in der hübschen Dose nichts drin war, außer ein paar Steinen. Es hat doch jetzt nicht wirklich jemand an geldbringende Feen geglaubt, oder?

Nebel

Es war ein relativ milder Tag. Aber der Nebel wollte sich nicht verziehen, es war feucht und ungemütlich. Die Sonne hatten wir schon lange nicht mehr gesehen, die schien nun über den Wolken.

Am Abend dachte ich: *So, nun muss ich einfach wenigstens noch zehn Minuten raus.* Na ja, man konnte nicht sagen, an die frische Luft, mir ging es um ein wenig Bewegung vor dem Schlafengehen.

Zügig ging ich am Waldweg vorbei, irgendwie hatte ich plötzlich etwas Angst. Ich redete mit mir selbst: „Vor was soll ich denn Angst haben? So ein Mist."

Nun spürte ich die Nässe schon in den Haaren, ich wickelte mein langes Halstuch so gut es ging auch um den Kopf herum.

Dann hörte ich eine Eule, \`Uhu\`, ach, bin doch kein Angsthase, ich doch nicht.

Schritte hinter mir, ich fing an zu zittern.

Ein Nachbar ging Gassi mit seinem Hund.

Ich konnte ihn gar nicht erkennen, der Nebel wurde immer dichter. Umkehren hatte keinen Sinn, der Weg wäre genau so weit gewesen, ich musste weiter gehen. Ein Strauch streifte mein Gesicht, das Herz machte bum bum. Wie kann man sich denn nur vor einem herabhängenden Zierstrauch so fürchterlich erschrecken?

Bestimmt waren dort Spinnen daran und die sitzen nun auf meinem Kopf. Pfft ... Die sind doch nicht giftig, die laufen sicher schnell an mir wieder hinunter.

Kalter Schweiß lief mir nun ebenfalls den Rücken hinab.

Etwas Dunkles rannte über die Straße, es war sicher eine Katze, bestimmt war sie schwarz. Ich liebe eigentlich schwarze Katzen, aber heute nicht. Fast hätte ich laut geschrien ... Oh Gott, wäre ich bloß zu Hause geblieben.
Dann blinken plötzlich zwei kleine Lichter vor mir auf, mir standen die Haare zu Berge, ein Fuchs auf Futtersuche, er hatte mich nun auch gesehen, schnell verschwand er in dem dichten Nebel.
Nun hatte ich genug, ich wollte meinen Freund anrufen, damit er mich holen kommt mit dem Auto. Das konnte ich aber nicht, ich hatte das Handy vergessen. Nur noch fünf Minuten, die muss ich durchhalten. Ich ging nun etwas schneller. Da tauchte vor mir ein Licht auf, jemand hatte eine Taschenlampe und leuchtete mir knallhart in die Augen, nun sah ich gar nichts mehr, ich blieb wie angewurzelt stehen.
„Ah, du bist das?“, sagte jemand, wahrscheinlich ein Bekannter und tauchte weg.
Geblendet und schweißgebadet schlich ich die letzten hundert Meter dahin.
Endlich ich sah die Fichte neben dem Haus unter der Straßenlaterne.
Da flog plötzlich wie aus dem Nichts eine Fledermaus haarscharf an meinem Kopf vorbei. Mit aufgerissen Augen sah ich sie wieder im Nichts verschwinden.
Mit letzter Kraft schloss ich die Haustür auf, ich konnte einfach nicht mehr. Darum drückte ich auf den Liftknopf, statt die Treppe zu nehmen und stolperte in den Lift hinein. Die Tür schloss automatisch.
„Uff, gerettet.“

In dem Moment ging das Licht aus und der Lift stand still. Ohnmächtig sank ich zu Boden.
„Hilfe“, schrie ich, als ich kurze Zeit später wieder zu mir kam.
Mein Freund stand vor dem Lift. Er hatte geahnt, dass etwas nicht stimmte, weil ich den Anruf vom Handy nicht annahm. Er war gekommen, um mich zu retten. Ich konnte es fast nicht glauben.
Ein paar Tränen liefen mir die Wangen hinunter, dann schlang ich dankbar meine Arme um seinen Hals. Er trug mich zum Sofa und deckte mich fürsorglich mit der warmen Kuscheldecke zu. Die riesige Plastikspinne, mit der er mich eigentlich erschrecken wollte, fand ich erst am nächsten Morgen.

Ich werde nie, nie wieder, im Nebel spazieren gehen!

Der grüne Apfel

Es war einmal ein Apfelbaum, der hatte im Frühling so schön geblüht und die Bienen hatten ihre Freude an den hellrosa Blüten. Sie flogen im Sonnenschein den ganzen Tag von Blüte zu Blüte. Das gefiel dem Apfelbaum sehr.
Er war so stolz, er hatte aber auch das Recht dazu, denn jeder Mensch der vorbeiging, blieb einen Moment stehen und bestaunte ihn oder machte sogar ein Foto.
Die Blüten hielten natürlich nicht sehr lange. Als der Sommer kam, fielen alle ins Gras, aber dort wo am Baum eine Blüte war, wuchs ein klitzekleiner Apfel heran. Auch die Blätter ließen nicht auf sich warten und aus einem Blütenbaum wurde ein grüner Baum.
Er liebte auch den Regen sehr, denn er brauchte Saft, den er seinen Äpfeln geben wollte. Der Sommer und die Sonne brachten Wärme, das machte den Saft süß.
Die Vögel zwitscherten in seinen Ästen, sie liebten den Baum, denn sie fanden ziemlich viele Maden und Käfer an den Blättern, damit konnten sie ihre Jungen füttern. Das war gut so, denn nun verkrochen sich keine Maden in die saftigen Äpfelchen, die inzwischen schon etwas größer geworden waren.
Der Sommer war nun nicht mehr so heiß und die runden Äpfel wuchsen und wurden immer dicker. Auch hatten sie schöne rosa Bäckchen.

Ein Apfel war nicht zufrieden, er meckerte herum: „Warum bin ich so rund wie alle andern? Das will ich nicht, ich möchte nicht rund sein und keine roten Bäckchen

haben, das gefällt mir gar nicht."
Der Vollmond hatte die ganze Wiese beobachtet, er schüttelte sich vor Lachen. Er verstand die Welt nicht mehr. Auch die Apfelfee hatte es gehört, sie flog herbei, um nachzusehen. Der Apfel machte ein missmutiges Gesicht und wiederholte, was er eben gesagt hatte: „Ich will nicht so sein, ich will nicht, nein, ich will nicht!"
Die Fee schaute ihn an und fragte: „Ja, wie möchtest du denn aussehen, mein Süßer?"
„Ich will anders sein, ja, ich will ein großer viereckiger grüner Apfel werden, jawohl, das will ich!"
Die Apfelfee hatte so etwas noch nie gehört, aber es war ihre Pflicht, zu helfen. Also sagte sie ihren Zauberspruch und Simsalabim, der Apfel war grün und hatte vier Ecken. Das gefiel ihm, er bedankte sich bei der Fee, diese verschwand wieder im nahen Tannenwald.
„Seht ihr," prahlte der Apfel, „nun bin ich schön und brauche euch nicht mehr!"
Die anderen Äpfel waren erschrocken, als sie das sahen, dann lachten sie die halbe Nacht lang, bis sie erschöpft einschliefen.
So merkten sie auch nicht, dass der viereckige Apfel von seinem Ast herunterfiel und wie ein Würfel weit über die Wiese purzelte.

Erstaunt schaute ein Igel unter ein paar dürren Blättern hervor und fragte: „Was ist denn mit dir los, so etwas wie dich habe ich ja noch nie gesehen?"
„Mit mir ist gar nichts los", sagte der voller Stolz, „ich bin ein Zauberapfel, ja, das bin ich!"

Der schlaue Fuchs war auch noch wach, denn er suchte was zum Fressen. „Ich lach mich tot, ein viereckiger Apfel, das gibt es ja nicht“, kicherte er und wollte mit ihm spielen. Aber der Apfel war beleidigt und ließ sich den Hang hinunterfallen.

Dort fand der Peterli ihn am Morgen früh, als er zur Schule ging. Er staunte nicht schlecht und nahm den wundersamen Apfel in seinen Hosensack. Dort befand sich noch so allerlei Krimskrams.
Das gefiel dem Apfel aber gar nicht, er hatte Angst in der Dunkelheit und als der kleine Peter sich bückte, um unter einem Zaum durchzuschlüpfen, ließ der Apfel sich einfach fallen, nun lag er einsam da im Gras.

Es dauerte aber gar nicht lange, da kam ein großer, schwarzer Rabe angeflogen und pickte mit seinem Schnabel ein Loch in den viereckigen Apfel.
„Hey“, schimpfte der, „du hast mir weh getan!“
Der Rabe wunderte sich, dass das grüne Ding sprechen konnte, er bekam etwas Angst und flog wieder weg, denn es schmeckte ihm auch gar nicht.

Eine Kuh näherte sich. Ihre großen Augen fielen ihr fast aus dem Kopf, als sie den Apfel erblickte ... „Muh, das gehört nicht hierher, das fresse ich nicht, ich will lieber Gras!“, murmelte sie vor sich hin.

Ein paar Pferde tummelten sich auf der Wiese und kamen

näher. „Nein sowas, wir mögen lieber Möhren."
Ein Glück für den grünen, viereckigen Apfel, er atmete erleichtert auf. Denn eigentlich wollte er noch etwas von der Welt sehen. Aber wie sollte er das anstellen?

Da kam ein großer Traktor angerollt. Der grüne, viereckige Apfel wollte auf die Seite rollen, aber das ging nicht, er war ja nicht mehr schön rund. So wurde der arme Apfel, der schöner sein wollte, als alle anderen, auf der Stelle in die Erde gedrückt. *So ein Mist,* dachte er, aber es war zu spät zum Jammern.

Der Winter kam und bedeckte die Felder mit Schnee. Erst im Frühling, als die Sonne wärmer wurde und die Natur erwachte, erwachte der grüne Apfel auch. Aber oh Schreck, er war ja gar nicht mehr viereckig, er war total matschig, aber er spürte ein leises Kribbeln in sich. Etwas bewegte sich ganz langsam.
Ein kleiner schwarzer Korn spaltete sich und ein klitzekleines Bäumchen fing zu wachsen an. Zentimeter um Zentimeter wuchs es der Sonne entgegen und fing an zu blühen, es war eine Pracht. Der inzwischen braune, matschige Apfel konnte nur noch staunen, er war nun die Wurzel eines jungen gesunden Apfelbäumchens geworden. Wieder rief er die Apfelfee um Hilfe... Sie kam auch sofort.
Der Matschapfel, der nun eine stolze Wurzel war, sagte zu der Fee: „Bitte, liebe Fee, kannst du den Zauber nicht auflösen vom letzten Jahr? Ich bereue, dass ich nicht mit mir zufrieden war. Wie du sehen kannst, bekomme ich

viele Kinderäpfel und und ..." Nun fing er an zu stottern „... und ich will Kinder haben mit roten Bäckchen, damit die Menschen und Tiere sie mögen, bitte entschuldige, dass ich so unzufrieden war."

Simsalabim, die Fee erhob ihren Zauberstab, lächelte und verschwand.

Der kleine Apfelbaum konnte sich nicht mal mehr dafür bedanken. Er war so froh, dass nun alles wieder gut wurde und seine Äpfel wuchsen zu schönen runden Früchten heran.

Sie haben niemals erfahren was vorher geschehen war. Das war auch gut so.

Reise an den Titisee

Es war kein schöner Tag, aber, er war nicht wie jeder andere.
Der Damen-Kegelverein wollte sich einem Ausflug gönnen. Sie hatten auf der Kegelbahn im Lokal Zum Ochsen ein Sparschwein stehen, mit der Aufschrift Schwarzgeld. Es war prall gefüllt. Ihr Reisegeld.
Bei der roten Eiche in Steinach stand schon der Kleinbus für die Fahrt an den Titisee im Schwarzwald parat. Die Sonne hielt sich noch zurück.
Die Frauen brauchten sich keine Sorgen um ihre Kinder zu machen, die waren alle schon so gut wie erwachsen.
Um 7 Uhr in der Früh sollte es losgehen.
„Dann wollen wir mal“, murmelte der Fahrer.
Der fuhr bei jedem Mitglied zu Hause vorbei. Als die jeweiligen Damen einstiegen, wurden sie von den bereits anwesenden, gutgelaunten Freundinnen mit einem fröhlichen Hallo begrüßt.
Ein Ausflug ohne Männer! Herrlich! Das hatten sie sich schon lange gewünscht und nun endlich in die Tat umgesetzt.
Britta, die Kassiererin ihres Clubs, hatte das Münzgeld schon in Scheine umgewechselt. Das Schwarzgeld-Schwein hatte eine ansehnliche Summe Euro ausgespuckt.
„Hey“, rief Britta während der Fahrt: „Wer Durst hat, oder eine Pause braucht, soll sich melden. Ich sage es dann dem Fahrer.“
„Klar, wir haben Durst, ein Wässerchen kann nicht schaden.“

Die sanitären Örtlichkeiten wurden noch kurz besichtigt und weiter ging die Fahrt. Der Fahrer zählte vorher seine Gäste, es waren immer noch zehn. Er achtete peinlich darauf, denn es war schon vorgekommen, dass jemand verloren ging. Entweder hatte der oder die sich zu lange am Kiosk herumgetrieben oder mit jemandem zu lange gequatscht. Auf der Autobahn lässt sich schlecht umkehren, das ist jedem bekannt.

Die Stimmung wurde immer besser.

Hilde fing an zu singen: *Das Wandern ist des Müllers Lust ..."* Alle stimmten lachend ein.

Die Damen hatten sich auch sonst viel zu erzählen.

„Stellt euch vor, mein Eugen hat heute Geburtstag, aber darauf konnte ich keine Rücksicht nehmen", rief Anna, ich koche ihm dann eben erst morgen sein Lieblingsgericht."

„Jaja, wir verwöhnen unsere Männer viel zu sehr, wir Frauen brauchen auch unseren Spaß", grinste ihre Nachbarin Frida.

Der Titisee kam in Sicht, das Wasser glitzerte in der Sonne, einen besseren Tag hätten sie sich nun wirklich nicht aussuchen können.

Der Busfahrer parkte unter den Kastanienbäumen in der Nähe vom See.

„Meine Damen, ich wünsche euch einen schönen Tag, seid bitte pünktlich wieder hier am Abend."

„Danke, ja, das werden wir", tönte es durcheinander. Der Fahrer stieg wieder ein, denn er hatte andere Anweisungen bekommen.

Nun war noch genügend Zeit bis zum Mittagessen.

Das Menu hatte Britta im \`Mona Lisa\` bestellt, alles per E-

Mail. Die Gruppe marschierte los. Es war so ganz anders als in der Schweiz.
In der autofreien Zone gab es sogar Souvenirs zu kaufen. Ein Kleiderstand zeigte die neuesten T-Shirts mit verschiedenen Aufschriften.
„Hey, kommt mal alle her, wie wär's?"
Die Damen verstanden, was Britta meinte. Lachend kauften alle ein Shirt in schwarzer Farbe, jede mit der Aufschrift «Kegelgöre».
Sie lachten wie junge Schulmädchen. Nun hatten sie sogar eine Uniform für ihren Verein.
Weiter hinten an der Straße hörte man Live-Musik und Gesang.
„Lasst uns hier doch ausruhen, was meint ihr?", fragte Karin. Sie war die Ältere der zehn Frauen.
Das ließen sich die anderen nicht zweimal sagen, es sah urgemütlich aus.
Frauen im Dirndl-Kleid fragten nach ihren Wünschen.
„Was gibt es denn zu feiern?", fragte die blonde Serviertochter.
„Wir feiern das Leben", rief Manuela feierlich und hob das Glas.
Manche Feriengäste tanzten zu der Musik. Rosa rutschte unruhig auf der Bank hin und her, denn Tanzen war auch eine Leidenschaft von ihr.
„Schade, dass mein Ernst nicht hier ist, ich kann kaum stillsitzen."
Das musste jemand gehört haben auf dem Platz, denn plötzlich stand ein fescher junger Mann vor ihr.
„Darf ich bitten?"

Rosa erholte sich schnell von ihrem Schreck. Schon wirbelte sie mit dem Fremden auf dem Holzparkett herum.
„Schaut mal unsere Rosa, sie kann es einfach nicht lassen“, flüsterte etwas neidisch die rundliche Else.
Plötzlich kamen noch einige tanzfreudige Männer zum Tisch und forderten zum Tanz auf. Marianne und Klara nahmen die Aufforderung gerne an. Wer, in der Schweiz, tanzt schon am hellen Vormittag?
„Komm, Else, wir zwei können das auch, nur etwas langsamer, gell“, sagte Karin.
„Den Spaß, lassen wir uns auf keinen Fall entgehen.“
Nun war aus dem Kegelclub vorübergehend ein Tanzclub geworden.
Britta rief zur Ordnung: „Wenn die Damen nun genug vom Tanzbeinschwingen haben, würde ich vorschlagen, wir brechen auf, unser Essen wird bald serviert.“
Sie tippte mit dem Zeigerfinger auf dem Zifferblatt ihrer Armbanduhr herum.
Der Tanzpartner von Rosa schloss sich heimlich der Gruppe an. Sepp hatte schon einige Schnäpse intus und sich total in Rosa verguckt. Er folgte ihnen ins Restaurant und bestellte ein Bier.
Im `Mona Lisa` war alles bereit. Ein großer, festlich geschmückten Tisch, garniert mit Blumen und Kerzen, erwartete die Gäste aus der Schweiz.
Mann o Mann, die Damen stockten, was war denn hier los, der Tisch ist viel zu groß für uns ...
Als die Frauen Platz nehmen wollten, drängten sich bei jeder von ihnen ein Herr dazwischen. Ihre lieben

Ehemänner ...
Denen war die Überraschung so richtig gelungen. Sie hatten einige Tage zuvor beschlossen, ihren Frauen zu folgen, um gemeinsam mit ihnen zu speisen.
Dem Sepp war das in seinem Zustand nicht aufgefallen, er drängte sich zu Rosa und küsste sie, dass es nur so schmatzte.
Rosa schrie ganz verdattert auf. Ihr Ehemann zog den armen Kerl an der Lederhose weg vom Tisch und ritsch ratsch, bekam der arme Sepp eine Backpfeife, samt einem Boxer in die Magengegend.
Man musste ihn nicht hinausbefördern. Sepp torkelte von allein nach Hause, er hatte begriffen.
„Na sowas," stotterte Rosa, „was war das denn? Und wo kommst DU denn so plötzlich her? Ich glaube, ich träume, das freut mich jetzt aber gewaltig."
Alle Frauen strahlten um die Wette.
„Euch kann man wirklich nicht alleine lassen", grinste Ernst. Die anderen Ehepartner nickten lächelnd.
Der Vorfall war schnell vergessen. Wahrscheinlich auch bei Sepp, der schlief seinen Rausch zu Hause aus.
Sekt und Orangensaft wurden von der Chefin persönlich serviert. Sie wusste natürlich Bescheid über den Herrenbesuch, denn Brittas Mann hatte mit ihr telefoniert.
Ganz plötzlich öffnete sich die Tür, ein Mann mit einer Handorgel betrat den Saal. Er spielte `Happy Birthday to you`, alle sangen begeistert mit.
So kam Eugen doch noch zu seinem Geburtstagsfest ...
Anna umarmte ihn zärtlich, während eifrig geklatscht wurde.

„Hattest du meinen Geburtstag vergessen?“, fragte er leise.
„Nein, nein, dein Geschenk liegt zu Hause auf deinem Kopfkissen, aber ich wollte doch so gern an den See mitfahren.“

Eugen lachte erleichtert. Bestimmt liegt ein Paar selbstgestrickte Socken auf dem Bett, wie jedes Jahr, dachte er zufrieden.

Ein Festessen erster Klasse wurde serviert.

Die Wirtin vom `Mona Lisa` kam später aus der Küche, sie wollte wissen ob es ihren Gästen geschmeckt hat.

„Ja, mir hat es prima geschmeckt“, meldete sich das Geburtstagskind. Alle klatschten begeistert.

Dann überreichte sie dem Eugen, ganz feierlich, eine echte Kuckucksuhr aus dem Schwarzwald, gespendet von seinen Freunden. Wieder gab es stürmischen Beifall.

Ein feines Dessert gab es natürlich auch noch, zur Feier des Tages. Einen Kuchen. Ihr werdet es erraten. Leckere Schwarzwälder-Kirsch-Torte, was denn sonst.

Am Abend spielten alle zusammen noch eine Runde auf der Kegelbahn, das schwarze Schweinchen musste ja wieder gefüttert werden.

Es war also doch ein herrlich schöner Tag.

Sie hatten gar keine Zeit gehabt, um den Titisee zu besuchen, das wollten sie das nächste Mal tun ... ob mit oder ohne Männer war noch nicht entschieden!

Der Spiegel

Es war einmal ein Spiegel, er war wunderschön, sein breiter Rahmen war ganz mit Gold überzogen.
Er hing seit Jahren in einer Halle. Viele Menschen gingen an ihm vorbei, sahen kurz hinein und gingen weiter.
Eine ältere Frau kam des Weges, sie blieb vor dem Spiegel stehen und sah, dass ihr ein Gesicht voller Falten entgegensah. Sie trat noch näher zum Spiegel hin. Der Spiegel freute sich, dass endlich mal jemand ihn bewunderte. Aber die Frau sah nicht den mit Gold verzierten Spiegel, der nun ihr Gesicht umrahmte, sondern sie schaute mit eingefallenen Augen – ihr eigenes Gesicht an. Sie erinnerte sich daran, dass sie einmal sehr schön gewesen war.
Nun aber waren viele Jahre vergangen, erfüllt mit Trauer, Schmerz und Sorgen, welche sie in ihrem Leben hatte. Sie war verheiratet gewesen, sie hatte drei Kinder großgezogen. Ihr Mann war früh verstorben und die Kinder waren in alle Winde zerstreut. Heute war ihr Geburtstag, aber niemand hatte daran gedacht, niemand hatte ihr geschrieben. Sie merkte, dass sie immer noch vor dem Spiegel stand. Sie dachte an früher, als die Welt noch in Ordnung war. Damals hatte sie gedacht, dass das immer so bleiben würde. Sie musste lächeln bei dem Gedanken, als ihre Kinder etwas gebastelt oder gemalt hatten für ihre Mama. Ihr Gesicht im Spiegel hatte sich verändert, als sie lächelte.
Ich habe ja gar nicht viel Falten, es sind ganz einfach Lachfältchen.

Sie stand nun ganz aufrecht da und sagte laut zu ihrem Spiegelbild: „Ich schaue vielleicht runzelig aus, das sind die Jahre, aber in meinem Herzen, da habe ich so viele schöne Erinnerungen, die kann mir niemand mehr nehmen."
Dann kehrte sie dem Spiegel den Rücken zu und ging nach Hause.
Sie erschrak, denn in ihrer Wohnung brannte Licht. *Ach, ich werde alt und vergesslich, ich habe das Licht nicht ausgeschaltet, als ich aus dem Haus ging,* dachte das Mütterlein.
Sie öffnete die Tür und staunte.
Ihre drei erwachsenen Töchter standen eng nebeneinander da, jede mit einem Blumenstrauß in der Hand und sie sangen fröhlich: „Happy Birthday liebe Mami ..."
Die Überraschung war ihnen gelungen. Sie hatten den Tisch gedeckt mit allerlei Köstlichkeiten. Nun wurde angestoßen und gefeiert wie früher, es war als ob die Zeit stehen geblieben wäre.
Die alte Frau war so glücklich wie schon lange nicht mehr. Das war das schönste Geschenk, das ihre Kinder ihr machen konnten.
Sie dachte zurück an die Halle, war das etwa ein Zauberspiegel gewesen ...?
Sie nahm sich vor, ihm beim nächsten Mal, wenn sie an dem Spiegel vorbeikam, ein Lächeln zu schenken.

Wie Charlie Chaplin schon sagte:
`Jeder Tag ohne Lächeln, ist ein verlorener Tag!`

Das Kind

Das Mädchen Rosi saß auf einen Steg am Lago Maggiore. Sie hatte die Augen mit der Hand abgeschirmt und sah dem Schiff nach, das gerade abgelegt hatte. Es fuhr wahrscheinlich nach Italien hinüber. Die Touristen an Bord lachten fröhlich.

Der See war nun nicht mehr ruhig, wilde Wellen klatschten gegen die Mauer und den Steg. Das Mädchen ließ die Beine baumeln, ihre Blicke schweiften zu den Enten, deren Federn im Sonnenlicht glänzten. Spatzen hüpften ganz nahe heran, sie pickten ein paar Brotkrümel auf, welche herumlagen.

„Rosi", rief der Mann auf dem Boot, „hast du Langeweile?"

„Nein, hab ich nicht", gab sie zur Antwort.

„Komm zu mir auf das Boot, hier ist es gemütlicher."

„Nein, ich muss nach Hause", rief Rosi.

Schnell sprang sie auf und rannte mit nackten Füßen über den gepflegten Rasen zu einem kleinen Ferienhaus hinüber.

Sie blieb nochmal stehen und wollte dem Mann noch zuwinken, da sie vergessen hatte sich zu verabschieden. Der Mann war immer so freundlich. Sein Name war Fred, er hatte Rosis Mutter auch schon Fische gebracht.

Das Kind blieb nun wie erstarrt stehen. Sie sah wie zwei Männer zu Fred ins Boot stiegen. Einer der beiden verpasste ihm einen Faustschlag, sodass er fast über Bord fiel. Rosi rannte nun zu ihrer Mutter und schrie: „Mama, komm schnell, da sind böse Männer bei Fred."

Ihre Mutter, Fernanda, sah zum Küchenfenster heraus.

Ohne lange zu überlegen schrie sie so laut sie konnte: „Polizei, Polizei!"
Das wirkte. Die beiden sprangen sofort vom Boot herunter und hauten ab.
Fred sah herüber. Er verschwand einen Moment, er holte Eis um sein Auge zu kühlen. Nun kam er zum Ferienhaus, um sich bei dem Kind und bei Fernanda zu bedanken.
„Was wollten die denn eigentlich?", fragte Fernanda aufgeregt.
„Geld", kam die Antwort, „als ich sagte, dass ich keines hätte, schlug der eine zu, der andere durchwühlte meine Sachen. Ich muss schon sagen, liebe Fernanda, Sie haben Mut. Ich hoffe, dass die Männer nicht wiederkommen und euch überfallen."
„Das wird wohl nicht gehen", lächelte Fernanda. „Ich bin am Packen, unsere wunderschönen Ferien hier im Tessin sind zu Ende. Meine Tochter und ich reisen heute noch ab. Die Schule beginnt für Rosi, sie kann es kaum erwarten."
„Oh, schade", meinte Fred etwas traurig.
„Nächstes Jahr kommen wir wieder", rief das Kind dazwischen.
„Na, dann bin ich ja beruhigt, ich werde auch bald meine Segel hier abbrechen, die Kälte ist nicht gut für mein Rheuma." Der Mann griff nun in seine Hosentasche. Seit Tagen hatte er ein Geschenk für Rosi mit sich herumgetragen. Das Papier war schon ganz zerknittert. Er gab es dem Kind.
Rosi hielt nun eine winzige Ente aus Kristall in der Hand, sie glänzte in allen Regenbogenfarben.
Das Mädchen umarmte den alten Mann vor Freude.

„So etwas Schönes habe ich noch nie gesehen", rief sie voller Dankbarkeit. „Sobald ich schreiben kann, schicke ich Ihnen einen Brief", meinte sie ganz ernst.
Das nicht geschwollene Auge des Mannes strahlte freudig. Er mochte Kinder. Sie zauberten ihm immer ein Lächeln ins Gesicht ...

Wie das Leben so spielt

Lory erwachte, sie hatte so schön geträumt. Sie streckte sich wie ein Kätzchen und rieb sich die Augen. Sonnenstrahlen blitzten neugierig durch die zugezogenen Vorhänge. Fröhlich hüpfte sie aus dem Bett und öffnete das Fenster. Begierig atmete sie die frische Morgenluft ein und sah zu ihrer Freude, wie der Bodensee heute blaugrün schimmerte. Ein Fischerboot lag wie jeden Tag an der gleichen Stelle. Der Himmel war so schön blau heute, passend zu ihrem Geburtstag, nur ein Wölkchen war zu sehen, es sah herzförmig aus. Lory lachte, ging ins Bad und stand bald in der Küche und machte sich ein leckeres Frühstück zurecht.

Heute blieb ihr Blumengeschäft geschlossen, wie immer am Montag.

Dann startete sie ihren Laptop. Sie musste lächeln, auf ihrem Facebook-Profil war ja schon allerhand los, mindestens zwanzig Freunde hatten ihr gratuliert und im Sekundentakt kamen neue Gratulationen hinzu. Lory hatte dreihundertdreißig Freunde, einige kannte sie persönlich, andere einfach nur so, virtuell, aber mit der Zeit bekam man das Gefühl, eine Familie zu sein. Es ist schon wunderbar, sie kannte Leute aus Los Angeles, Australien, aus allen Gegenden Europas und natürlich viele Kunden, einfach toll.

Heute war sie am Abend verabredet mit ein paar Freunden, sie wollten ihren Geburtstag mal so richtig feiern, mit allem Drum und Dran.

Sie hatte ihre Wohnung noch nicht ganz fertig einge-

richtet, darum wollten sie unten am Hafen, in der kleinen gemütlichen Fischerkneipe feiern. Lory freute sich riesig auf ihr Fest.
Sie trällerte ein Liedchen vor sich hin, als sie ihr Schlafzimmer lüftete und überall Ordnung schaffte. Nun aber noch eine Runde joggen! Sie band sich die Haare zusammen und sprang die Treppe hinunter, hinaus ins Freie bis zum nahen Wald.
Es tat so gut, die frische Waldluft, die Vögel zwitscherten, es war einfach ein schöner Tag.
Wieder zu Hause angekommen, duschte sie und schlüpfte in ein geblümtes Kleid. Das Telefon klingelte, das war ihre Freundin Maya, diese sang ihr das Happy Birthday-Lied ins Ohr. Auch ihr Handy summte andauernd.
Lory setzte sich an den Schreibtisch und las ihre E-Mails. Sie freute sich sehr, dass so viele Leute an sie dachten. Da kam eine Nachricht im Facebook von jemanden, den sie nicht kannte, aber das war sicher ein Kunde von ihr, welcher auch in ihrem Blumengeschäft unter dem Namen „Vergiss-mein-nicht“ einkaufte. Er schrieb: Liebe Blumenfrau, ich wünsche von Herzen alles Liebe! Dazu ein Foto mit einer gelben Rose. Unterschrieben mit: Dein Mike.
Hm, wer ist Mike? Ihr war niemand aufgefallen, der ihr schöne Augen machte. Sie hatte viele männliche Kollegen, die ihr schmeichelten, aber es war keiner dabei in den sie sich verlieben könnte. Niemand hatte es bis jetzt geschafft, ihr Herz zu erobern.
Am Nachmittag war Lory bei ihren Eltern eingeladen. Sie liebten ihre Tochter über alles, sie konnten immer noch

nicht ganz verstehen, dass Lory bei ihnen ausgezogen war und ihre eigenen vier Wände bewohnte. Aber Vorwürfe machten sie keine, irgendwie verstanden sie letztlich doch, dass Lory erwachsen geworden war und auf eigenen Beinen stehen wollte.

Es gab feinen Kuchen zur Feier des Tages, natürlich selbstgebacken, nach einem Geheimrezept von ihrer Mama. Einfach köstlich. Es wurde viel gescherzt und gelacht mit der ganzen Familie. Lory warf einen Blick auf die Uhr. Sie erschrak fast ein wenig, es war spät geworden. So schwer es auch fiel, sie musste sich verabschieden von ihren Lieben, denn sie wollte ja nicht zu spät zu ihrer Party erscheinen. Herzlich bedankte sie sich, umarmte alle, und weg war sie.

Als sie zu Hause ankam, erblickte sie von weitem schon eine Menge roter Luftballons an ihrer Haustür. Es waren genau 25 an der Zahl. Ein Zettel baumelte daran:

I love you! Mike.

Sie lächelte, wusste aber immer noch nicht, wer dieser Mann eigentlich war.

Sie ging ins Haus und zog ein schickes Hosenkleid an mit dazu passendem Schmuck. Sie lächelte sich im Spiegel zu und freute sich auf den Abend mit ihren Freunden.

Als Lory in der Kneipe ankam, wurde sie freudig umarmt und alle wünschten ihr Glück. Ein Geschenk stand mitten auf dem Tisch, schön verpackt. Was konnte das nur sein? Lory war sehr neugierig. Sie fing an mit Auspacken, immer wieder kam eine neue Schachtel zum Vorschein, alle lachten. Als dann Schachtel Nummer zehn zum Vorschein kam – eine winzig kleine Schachtel – erschrak Lory fast, denn wunderschöne Ohrstecker mit Perlen besetzt glitzerten in ihren Händen. So was Schönes hatte sie noch nie besessen. Es kullerte eine Träne aus ihren blauen Augen. Sie bedankte sich bei allen ganz herzlich. Das hatte sich sicher Maya ausgedacht, die hatte immer so gute Einfälle.

Ihre Freunde sangen Happy Birthday.

Die anderen Gäste sangen einfach mit. Die Gläser klirrten beim Zuprosten.

Lory hatte für ihre Freunde Fisch-Knusperli im Körbli bestellt. Es schmeckte fantastisch.

Plötzlich ertönte wunderschöne Musik, die Tür schwang auf und ein junger Mann tanzte auf einer Mundharmonika spielend herein. Er schaute Lory mit seinen dunklen Augen sehnsuchtsvoll an, er kam näher und spielte ein altes Seemannslied. Die Freunde von Lory klatschten in die Hände und fingen zu schunkeln an. Alle lächelten freudig über diese gelungene Überraschung.

Eine Pause nutzte Lory, um den Musiker einzuladen. Der Kellner schenke ihm sofort ein Glas von dem Weißwein ein, damit alle nochmal auf Lory anstoßen konnten.

Sie dachte natürlich, dass ihre Freunde ihr mit der Musik eine Freude machen wollten, denn sie konnte ja nicht ahnen, dass niemand die geringste Ahnung von dem Typ in Schwarz hatte. Er trug Jeans und ein schickes schwarzes Seidenhemd.

Da beugte er sich über Lorys Hand und hauchte ein Kuss darauf. Sie war gerührt über so viel Aufmerksamkeit und lächelte.

Langsam wurde es Zeit nach Hause zu gehen, denn wenn

es am schönsten ist, soll man bekanntlich aufhören. Die Fischerbeiz hatte ja auch bald Feierabend. Der Wirt ließ es sich nicht nehmen, seinen Gästen noch einen Espresso zu spendieren.
Die Tischdekoration ... lachsfarbene Rosen ... wurden in eine durchsichtige Folie eingepackt von Maya. Sie drückte den Strauß ihrer Freundin in die Arme.
Der „Musiker“ spielte noch ein letztes Stück auf seinem unglaublichen kleinen Instrument.
Are you lonesome tonight ...
Es wurde Zeit zum Abschiednehmen!
Alle umarmten Lory und bedankten sich für den schönen Abend.
Der Mann im Seidenhemd machte den Vorschlag, Lory nach Hause zu bringen. Er hatte seinen schwarzen Wagen vor dem Restaurant geparkt, nahm ihr die Rosen ab und legte sie ins Auto. Beflissen öffnete er ihr die Autotür. Eigentlich wollte sie die kurze Strecke zu Fuß gehen, aber sie war müde und dankbar für die Hilfe.
Lory schaute den Mann nun an und fragte: „Woher kennen wir uns eigentlich?“
Er schaute sie an, mit sprühendem Blick und sagte einfach: „Ich bin Mike.“
Lory blieb der Mund offenstehen, da sie doch dachte, dass ihre Freunde ihn eingeladen hätten. Mike lachte leise und meinte, dass er sie schon lange kenne, er sei mit ihr zur Schule gegangen, er sei einige Jahre in Australien gewesen und seit sechs Wochen wieder zu Hause. In dem Haus gegenüber wohne er, bei seinen Eltern.
Ach so, dachte Lory. Die Erinnerung kam langsam wieder.

Ja, der kleine Mike von damals war ein gutaussehender Mann geworden!
Ich muss ja blind gewesen sein, ich habe ihn nicht erkannt, dachte sie nachdenklich. Wirklich ein netter Kerl, dieser Mike – noch viel netter als früher ...

Lucky

Der Winter war im Anmarsch. Das störte Marlene nicht, sie machte Urlaub.
Im Sommer war es ihr viel zu heiß, um irgendwo hin zu fahren. In den Süden fahren, wie so viele Menschen es taten, um dann mit ihren \`Blechkisten\` stundenlang im Stau bei brütender Hitze ausharren zu müssen – nein, das gefiel ihr nicht.
Ihr genügten die entspannten Tage auf dem Balkon vollkommen.
Ihre Freundin hatte sie schon lange eingeladen, doch mal zu ihr an den Bodensee zu kommen. Diese Einladung wollte Marlene nun endlich mal annehmen. Sie kannte Margret schon seit ihrer Kindheit. Aber dann hatten sie sich aus den Augen verloren. Jede hatte einen Job in einer anderen Stadt gefunden.
Nun freute sie sich darauf, mit ihrer Freundin zusammen am See zu flanieren ...
Plötzlich kamen ihr Zweifel. Wenn Margret nun nicht zu Hause ist?, dachte sie besorgt. Anrufen kam nicht infrage, sie wollte ihre Freundin so richtig überraschen.
So fuhr sie einfach los. Das Wetter war herrlich, die Sonne lachte vom Himmel. Schnee war noch lange nicht in Sicht, obschon es Mitte Dezember war.
Sie gönnte sich eine Pause bei einem Autobahnrestaurant, um einen Kaffee zu trinken. Plötzlich fiel ihr ein, dass sie vergessen hatte ein Geschenk zu besorgen.
„Ach, das hole ich nach, wenn ich angekommen bin“, murmelte sie fröhlich vor sich hin.

Sie setzte sich wieder in ihr Cabrio. Viele Lastwagen waren unterwegs, aber sie kam trotzdem gut voran. Noch ein Stündchen und sie würde die Schweizer Grenze überqueren.
Danach hielt sie nochmal an, um ihre Beine etwas zu entspannen. Der Parkplatz war leer. Kein Mensch war zu sehen. Marlene füllte sich einen Becher mit Wasser aus der Flasche, die sie im Kofferraum verstaut hatte. In dem Moment hörte sie ein Winseln aus dem Gebüsch direkt vor ihr.
Als sie sich dem Geräusch näherte, erschrak sie. Ein junger Hund war dort angebunden, er zitterte am ganzen Leib. Mit traurigen Augen starrte der Kleine Marlene an. Sie hielt ihm den Becher hin, sofort schlabberte das Tier gierig von dem Wasser.
„Was für ein liebes Kerlchen, warum bist du denn hier so allein?“
Auf die Frage gab es nur ein leises Wimmern.
Marlene streichelte den Hund, dabei sah sie, dass er am Hals verletzt war. Er hatte sich wahrscheinlich losreißen wollen, was nicht gelungen war.
Mit einer Nagelschere schnitt sie das Seil durch. Der Hund leckte ihre Hand. Es kitzelte, aber sie ließ es geschehen, denn so zeigte er seine Dankbarkeit.
„Jetzt darfst du mit mir mitkommen“, sagte sie.
Eine andere Möglichkeit gab es nicht. Der Hund kuschelte sich in die Decke, welche Marlene auf den Beifahrersitz gelegt hatte. Schon nach kurzer Zeit schlief er erschöpft ein.
Marlene verließ die Autobahn, sie fuhr nun auf einer

Landstraße.
Nach einer Stunde gab ihr Navi endlich bekannt: Sie haben das Ziel erreicht.
Sie klingelte am Haus ihrer Freundin. Eine Stimme fragte: „Hallo, wer ist denn da?"
Marlene lächelte: „Überraschung." Mehr sagte sie nicht.
Der Summer ertönte, die Tür ließ sich öffnen. Ein Blick zum Auto zeigte ihr, dass der Hund immer noch schlief. Schnell ging sie zum Lift und fuhr hoch in den zweiten Stock.
Margret stand erwartungsvoll vor ihrer Wohnungstür. „Ich glaube es nicht", rief sie immer wieder. Dann umarmte sie liebevoll unter Tränen ihre beste Freundin.
„Komm mit runter, ich habe noch etwas im Wagen."
Beide fuhren per Lift wieder runter. Marlene erklärte schnell, was sie bei sich hatte.
Margret schaute ganz entsetzt, sie streichelte das arme Tier. „Meinst du nicht, wir sollten sofort zum Tierarzt? Der Hund leidet. Zufällig wohnt ein Arzt nicht weit von hier."
Nach einem kurzen Telefonat fuhren beide los. Der Tierarzt Dr. Gerd Gruber kannte Margret von früher, er wartete vor dem Haus und nahm den Hund auf seine Arme.
„Gut, dass ihr so schnell gekommen seid. Der Hund ist schwach. Ich behandle seine Wunde sofort. Am besten behalte ich ihn hier, er wird sich dann bestimmt schnell erholen. Wer tut so etwas? Übrigens, es ist ein Australien Shepherd, man nennt ihn auch Mini Aussie. Ich kann einfach nicht verstehen, warum jemand einen so treuen Hund loswerden will, dann noch auf eine so grauenvolle

Art und Weise."
Die beiden Damen waren mit dem Vorschlag natürlich einverstanden.
Der Tierarzt brachte sie zur Tür. „Euch beiden wünsche ich noch einen schönen Abend."
„Danke, Gerd, du hast ja meine Nummer, ruf mich an, wenn es ihm besser geht, dann sehen wir weiter."
„So, Marlene, mich hast du nun doppelt überrascht", lachte Margret freudig. „Nun fahren wir aber nach Hause, ich mache uns was Feines zu essen, denn inzwischen knurrt mein Magen ganz bedenklich."
Sie aßen und plauderten, sie hatten sich ja so viel zu erzählen.
„Bleibst du über Weihnachten? Ich würde mich riesig freuen."
„Natürlich bleibe ich, endlich können wir wieder zusammen Weihnachten feiern."
„Das ist ja fantastisch. Aber nun gehen wir schlafen. Hilfst du mir bitte, das Bett zu beziehen? Ich weiß zwar nicht, ob ich wirklich auch schlafen kann ... Mir steckt die Freude noch in den Gliedern und ich muss andauernd an den armen Hund denken."
„Mir geht es genauso, aber dein Gerd wird ihn gesund pflegen."
„Das ist nicht \`mein\` Gerd." Marlene musste lachen. „Aber ihr würdet gut zueinander passen."
Margrets Gesicht sah von einer Sekunde auf die andere etwas nachdenklich aus. „Der hat doch bestimmt eine Freundin, aber erzähl mir doch von dir, es ist lange her, dass wir uns nicht mehr gesehen haben." Die Schlafenszeit

wurde verschoben!
Inzwischen war es Mitternacht, nun aber wirklich Zeit zum Schlafen.
Am nächsten Morgen gingen sie zusammen einkaufen, denn Margret war nicht vorbereitet auf Besuch. Sie kaufte eine Menge leckere Sachen ein.
Marlene meinte: „Wenn ich schon sehe, was du alles einkaufst, werde ich mein Gewicht nicht halten können. Lass doch die Personenwaage aus dem Badezimmer verschwinden, sonst streike ich."
„Kein Problem, aber wir werden uns viel an der frischen Luft bewegen, das killt diese Tierchen, die nachts die Kleider enger nähen."
„Wie witzig, ich lach mich schräg."
Das Läuten des Telefons unterbrach ihr fröhliches Lachen. Der Tierarzt teilte mit, dass es dem kleinen Aussie schon viel besser gehe. „Kommt doch morgen vorbei, dann entscheiden wir, was mit ihm geschieht."
Nachdenklich beendete Margret das Gespräch.
„Hm", murmelte sie, „ich würde den Hund gern behalten, aber ich muss doch nach Weihnachten wieder ins Büro zur Arbeit."
„Mir geht es genauso", meinte ihre Freundin.
Am nächsten Tag gingen sie zu Gerd Gruber, um nach dem Hund zu sehen.
„Kommt doch herein, möchtet ihr Kaffee?"
„Ja gern, wenn es keine Umstände macht. Wo ist denn unser Hund?"
„Schaut mal ins andere Zimmer."
Damit hatten die Frauen nicht gerechnet, denn der Hund

sprang ihnen freudig entgegen und wollte geknuddelt werden.
Gerd brachte den Kaffee.
„Wie ihr seht, es geht ihm gut, ich habe eine Blutprobe genommen, wahrscheinlich muss er noch geimpft werden. Aber ihr könnt ihn jetzt schon mal mitnehmen."
Ja, dann mach ich das, dachte Margret, sie konnte dem treuen Hundeblick einfach nicht widerstehen.
Gerd band dem Hund ein Halsband um und reichte Margret die Leine. „Frag bloß nicht nach der Rechnung, ich habe das gerne gemacht", sagte er und lachte.
Später sagte Margret zu Marlene: „Ich werde ihn Lucky nennen. Das arme Tier hast du mir mitgebracht, ein Glück für ihn und ein schöneres Weihnachtsgeschenk konntest du mir gar nicht machen. Ich werde meinen Nachbarn fragen, ob er tagsüber auf Lucky aufpassen kann, er liebt alle Tiere."
Lucky lief aufgeregt neben ihnen her. Er hatte verstanden, dass er nun echt geliebt wurde.
„Komm, Marlene, wir gehen sofort zu meinem Nachbarn, damit ich Gewissheit bekomme."
Der Landwirt war gerade dabei, seine Hühner zu füttern.
„Hallo, ihr zwei Hübschen. Ach, bist du auf den Hund gekommen?", fragte er lachend.
Nachdem er die ganze traurige Geschichte gehört hatte, schüttelte er den Kopf.
„Ich finde das unerhört, der Mensch sollte bestraft werden. Aber kommt doch herein. Es ist kalt. Ich glaube, es gibt dieses Jahr weiße Weihnachten."
Er wusch sich schnell die Hände am Brunnen und ging

voraus.
„Siehst du, Marlene, alles wird gut“, flüsterte Margret.
„Ja, hoffentlich! Ich sehe einen feschen Mann – dass du dich noch nicht verliebt hast in den, das begreife ich nicht.“
„Na ja, seine Frau ist erst vor einem Jahr gestorben ... Aber du hast recht, er sieht sehr gut aus.“
Jakob, der Landwirt stellte dem Hund etwas zum Fressen hin. Lucky sah zuerst Margret an, so als wollte er fragen, ob er fressen darf. Sie nickte nur. Schon genoss Lucky sein Fressen. Der Landwirt öffnete den Schrank und nahm drei Gläser heraus. Er schenkte ihnen selbstgepressten Apfelsaft ein. Zuerst prostete er Marlene zu ...
Diese konnte den Blick nicht von Jakob abwenden. Er hat wunderschöne Augen, dachte sie.
Es sah so aus, als hätte sie sich spontan verliebt. Es war ein absolut magischer Moment.
Margret hoffte, dass Jakob genau so begeistert reagieren würde! Denn dann gäbe es eventuell eine Hochzeit und ihre Freundin würde ihre Nachbarin werden. Wenn Marlene den Hund nicht gefunden hätte, wäre sie Jakob nie begegnet.
Manchmal spielt der Zufall \`Schicksal\`– einfach genial.
Da fällt mir doch eben etwas ein, ich könnte den Jakob und auch Gerd an Weihnachten zum Essen einladen.
Ja, das werde ich tun, grinste sie schelmisch.
Ich glaube, der gute Hund Lucky bringt uns mehr Glück im Leben, als ich mir vorstellen kann!

Der Fischer

Theo war Berufsfischer. Da er jahraus jahrein mit seinem kleinen Fischkutter, fast Tag für Tag, von früh bis spät umher gondelte, nannte ihn jeder einfach nur `Fischer`. Auch bei Regen konnte man ihn auf dem See sehen, bekleidet mit wasserdichten Klamotten.
Er wohnte auf einem Hausboot. Das war zwar schon etwas in die Jahre gekommen und ächzte bei Wellengang vor sich hin. Der Besitzer der Fischerbeiz kaufte dem Theo fast täglich den ganzen Fang ab. Die Gäste liebten frischen Fisch. Das merkte man daran, dass das Restaurant am Hafen sehr gut besucht wurde. Die Serviertochter hatte nie Langeweile, alle Leute schätzten sie sehr, denn sie hatte für jeden Gast immer ein gutes Wort bereit.

Als Theo eines schönen Tages gemütlich in seinem Fischkutter saß, hörte er plötzlich eine Stimme über dem Wasser erklingen: „Hallo, Fischer."
Doch es war weit und breit kein Mensch zu sehen. Theo dachte, er sei kurz eingeschlafen, was ihm auch schon passiert war, aber nun sah er, dass sich im See etwas bewegte. Schnell holte er das Netz ein, aber kein einziger Fisch hatte sich darin verfangen. Er grummelte ein wenig, warf das Netz aber wieder aus. In dem Moment tauchte eine wunderschöne Frau aus dem Wasser auf und hielt sich am Bootsrand fest. „Hallo, Fischer" sagte sie wieder, „hast du heute kein Glück?"
Theo blieb das Herz fast stehen, aber höflich wie er war, antwortete er kurz: „Es sieht so aus", und schüttelte

verwundert den Kopf.
Das kann nicht sein, ich träume, dachte er verwirrt. Niemand kann so weit hinausschwimmen.
Er rieb sich die Augen.
Die Frau lächelte ihn an. „Ich beobachte dich schon lange, hatte aber noch nie den Mut, mich zu zeigen."
Nun staunte Theo noch mehr.
„Ich bin Lea, hast du Lust eine Runde mit mir zu schwimmen?"
„Meinst du das ernst?"
Lea nickte.
Ihm war nicht geheuer, doch die Frau faszinierte ihn.
Umständlich zog er seinen Fischeranzug und die Stiefel aus. Nun stand er da, in einer karierten Unterhose, welche seine verstorbene Mutter ihm früher alle Jahre wieder, an jedem Weihnachtsfest, in verschiedenen Farbtönen geschenkt hatte. Damit Lea nicht merken sollte, wie verlegen er war, sprang er ratzfatz ins kühle Nass.
Lea schwamm auf ihn zu: „Soll ich dir etwas zeigen? Aber du musst mir dein Ehrenwort geben, keiner Menschenseele etwas davon zu erzählen."
Noch mehr Staunen bei Fischer Theo.
„Okay, wenn du meinst ... Ich kann schweigen."
Sie nahm seine Hand, machte ihn darauf aufmerksam tief Luft zu holen und schwups tauchten sie unter. Ihre langen schwarzen Haare streiften seinen Körper. Das gefiel ihm. Immer tiefer tauchten sie, dann kam eine Felswand.
Die Frau schob sie leicht beiseite und verschwand mit dem Fischer in dem Loch, welches sich auftat und sich schnell wieder verschloss. Theo konnte wieder Luft holen, sie

kamen in einen großen gewölbten Saal.
„Das ist Theo der Fischer", wurde er den anwesenden Menschen vorgestellt.
„Willkommen in unserer bescheidenen Welt", klang es im Chor.
Bescheiden ist gut, dachte der Fischer. Denn alles was er sah, war aus purem Gold. Auch die Menschen trugen tolle glitzernde Gewänder wie aus der Römerzeit. Theo erinnerte sich an ein Buch, das er mal flüchtig gelesen hatte.
Lea war kurz verschwunden und kam zurück, bekleidet mit einem weich fließenden langen Kleid. Auf dem Arm trug sie ein Gewand, welches sie nun dem Fischer umhängte.
„Komm, setzen wir uns, ich erzähle dir ein wenig von uns hier." Sie schenkte aus einer Weißweinflasche zwei Becher voll ein. Sie prosteten sich zu, dann erst fing sie an zu erzählen: „Mein Großvater war Taucher. Er hat diese verschwundene Ecke entdeckt. Seitdem leben wir hier mit der ganzen Familie. Irgendwo kommt Sauerstoff herein, so lässt es sich gut leben, findest du nicht?"
Der Fischer nahm noch einen Schluck Wein, bevor er die Sprache wiederfand. „Ganz schön mutig seid ihr. Ich habe noch nie eine solche Luxuswohnung gesehen. Woher habt ihr denn den feinen Wein?"
Lea lachte: „Wieso mutig? Es ist meine Heimat. Den Wein und die anderen Lebensmittel gehen wir einkaufen, so wie du auch. Wir können ja schlecht online bestellen", grinste sie belustigt. „Übrigens, ich war noch nie auf einem Hausboot."

„Das kann ich dir gerne zeigen, sag mir einfach, wenn du Lust hast, zu Besuch zu kommen. Dann werde ich dir die besten Fische servieren, die du je gegessen hast."
„Gern, ich freue mich schon, wie wäre es mit morgen Abend? Falls du Zeit hast."
„Für dich habe ich immer Zeit", fing er zu flirten an. Lea lachte: „Komm mit, ich bringe dich zu deinem Kutter zurück, bevor es dunkel wird. Die Sturmwarnung ist eingeschaltet, es könnte sonst gefährlich werden."
Seite an Seite schwammen sie nach oben.
Lea hauchte ihm ein Kuss auf den Mund, bevor sie wieder wegtauchte.
Theo fror. Ob es der kühle Nachtwind war, oder ob die Nässe ihn frösteln ließ? Da war noch etwas anderes – die Nähe dieser wundervollen Frau hatte sein Gemüt mit voller Wucht erhitzt.
„Ich hoffe, ich bekomme keine Grippe", murmelte er. Schnell schlüpfte er in seinen Overall und zog seine warme Zipfelmütze über die Ohren. Den Weg zum Restaurant konnte er sich heute sparen. Er fuhr direkt zu seinem Hausboot.
„Morgen werde ich Kerzen anzünden und mit den schönen Tellern, die ich von meiner Mutter habe, den Tisch decken, wenn Lea kommt." Das war das letzte, was er dachte, bevor er glücklich einschlief.
Seine Gedanken waren immer noch bei der schönen Lea. Er hörte immer noch ihren melodischen Ruf: „Hallo, Fischer, hallo, Fischer."

Eine andere unbekannte, fragende Stimme tönte von fern

bis zu seinen Ohren.
„Er wird es doch schaffen, oder?"
„Er ist ein zäher Bursche! Morgen wird es ihm besser gehen. Er hat ein starkes Medikament bekommen."
„Warum ist er bloß bei dem Sturm hinausgefahren? Das werde ich wohl nie verstehen."
„Ach, Schwester Lea, Fische fangen ist doch sein Leben", antwortete der Arzt.
Der Fischer hatte den Namen `Lea` gehört, er schloss die Augen wieder und träumte weiter ...

Das verschwundene Kleid

Sie war unsterblich verliebt, die Susi. Ihr Liebster wohnte im Nachbardorf, dort wo die Füchse und Hasen sich gute Nacht sagen. Fritz Iseli liebte die freie Natur. Natürlich war die Stadt ihm nicht fremd und der Susi auch nicht, denn sie waren sich dort zufällig auf dem Jahrmarkt begegnet.
Es war Liebe auf den ersten Blick.
Susi hatte die Hoffnung schon aufgegeben, einen ehrlichen Mann zu finden, mit dem sie Freud und Leid teilen wollte. Aber nun trafen sie sich jede freie Minute und schmiedeten Zukunftspläne.
Den Heiratsantrag hatte Fritz ihr in aller Stille gemacht. Nur ein paar Schafe waren Zeuge geworden, als er vor seiner Angebeteten niederkniete und sie fragte: „Willst du meine Frau werden?“ Voller Freude hatte sie Ja gesagt. Dann mussten sie sich vor dem Gewitter, das ganz plötzlich aufgezogen war, in eine nahegelegene Hütte retten. Beide hatten schon etwas vom Platzregen abbekommen, aber sie lachten.
„Siehst du“, meinte Susi, „Regen bringt Segen.“
Die `Hochzeitsnacht` hatten sie dann etwas vorgezogen, in dieser wunderschönen Hütte, die gefüllt war mit herrlich duftendem Heu. Sie waren die glücklichsten Menschen auf der ganzen Welt.
Der Mond allein war Zeuge ihrer Liebesnacht.
Hochzeit wollten sie so bald als möglich feiern und die sollte unvergesslich schön werden.
Die Liste der Verwandten und Freunde war lang, die sie einladen wollten.

Natürlich halfen die Eltern mit, alles zu organisieren. Es sollte doch der schönste Tag im Leben werden.
Susi nahm eine Freundin mit in das Geschäft, um ihr Hochzeitskleid auszusuchen. Das war allerdings gar nicht so einfach, denn Susi gefielen alle Kleider.
Sie entschied sich nach einer halben Ewigkeit für ein langes, enges Kleid. Ein abstehender, breiter Kragen gab dem großzügigen Ausschnitt einen gewissen Reiz. Die Verkäuferin sagte, dass das Kleid wie für sie gemacht wäre. Ihre Freundin fand es super elegant. Ein kleiner Schleier mit Krönchen ließ Susi aussehen wie eine Prinzessin.
Sie wollte, dass niemand sonst das Kleid sehen durfte. Darum packte sie es zu Hause aus und legte es schön gefaltet in einen Altkleidersack, der hinten in ihrem Schrank stand. Den leeren Karton schob sie unter das Bett. Sollte jemand neugierig sein, würde er das Kleid nicht finden.
Alle anderen Aufgaben, die zu einem gelungenen Hochzeitsfest gehörten, überließ sie ihren Freunden.
Fritz kam jeden Tag vorbei, um bei irgendetwas zu helfen. Er liebte seine Braut und umarmte sie jedes Mal liebevoll.
„Hast du dein Kleid schon, darf ich es sehen?“, fragte er ein paar Tage vor dem großen Ereignis.
„Nein, mein Schatz, das darfst du nicht, gedulde dich noch ein wenig“, meinte Susi lachend. Sie hatte sehr wohl gemerkt, dass er den Karton unter ihrem Bett gesehen hatte. Vielleicht sogar geöffnet ... Bei dem Gedanken lachte Susi still in sich hinein.

Der Polterabend kam. Die Freunde von Fritz entführten ihn.
„Treib es nicht zu doll." Susi hob lachend den Zeigerfinger. „Sonst überlege ich es mir noch mal."
Fritz lachte nur, er war glücklich.
Ihre Freundinnen waren auch zur Stelle. Sie feierten bei Susi zu Hause.

Bevor Susi zu Bett ging, wollte sie ihr Kleid noch aufhängen. Sie kramte vergebens in ihrem Schrank, der Kleidersack war verschwunden. Sie wurde ganz bleich vor Schreck, das konnte einfach nicht sein ... Wie in Trance nahm sie die Schachtel unter dem Bett hervor, obschon sie wusste, dass sie leer war.
Sie klopfte bei ihrer Mutter an der Schlafzimmertür. Ihre Mutter erschrak: „Ach Kind, ich habe alle Säcke gestern in die Altkleidersammlung gebracht, so wie immer, wenn sie voll sind."
An Schlaf war nicht mehr zu denken.
„Morgen holen wir den Schlüssel bei der Gemeinde und finden dein Kleid", meinte ihre Mutti kleinlaut.
„Morgen ist Samstag wie wir wissen, niemand arbeitet am Samstag."
Susi brach nun in Tränen aus.
Inzwischen hatte ihre Mutter den Vater geweckt. „Wir haben ein Problem."
Papa grinste: „Ein großes oder ein kleines?"
Als er sah, dass seine Tochter weinend im Gang stand, grinste er nicht mehr. „Kann ich helfen?"
Nachdem er über das Missgeschick aufgeklärt worden

war, zog er seine Kleidung an und fuhr mit seinem Werkzeugkasten zu dem genannten Container.
Schon bald hatte er das Schloss geknackt. Nun galt es, nur noch den Sack zu finden. Mutter und Tochter leuchten mit einer Taschenlampe, aber die Säcke sahen alle gleich aus.
Ein Polizeiauto bog um die Ecke. Die Menschen, die man sonst Freund und Helfer nennt, waren in dieser Nacht nicht so freundlich. Sie nahmen alle drei unter Protest mit aufs Revier.
„Soso, ihr sucht ein Brautkleid, sowas Blödes von Ausrede habe ich auch noch nie gehört", lachte der Beamte kopfschüttelnd.
„Bitte helft uns! Es ist wirklich wahr, ich habe mein Kleid in so einem Sack versteckt, damit es niemand vor der Hochzeit sieht und ...", sie sah auf ihre Armbanduhr, „... heute heirate ich."
„Ich bin schuld", rief ihre Mutter, „ich haben den Sack weggeschmissen, da ich ja keine Ahnung hatte."
Der Beamte hörte aufmerksam zu, dann entschuldigte er sich und verließ den Raum.
Susi wäre ihm am liebsten hinterhergelaufen. Nur die Nerven nicht verlieren, dachte sie, sonst werden wir noch eingesperrt und aus wäre der Traum.
Es dauerte vierzig lange Minuten, bevor der Polizist wieder erschien.
Gemütlich nahm er hinter seinem Schreibtisch Platz, dann räusperte er sich: „Meine Männer haben inzwischen einige Säcke aufgeschnitten und haben etwas Weißes gefunden, allerdings ist es nun ein wenig beschädigt", sagte er in aller Ruhe.

Susi sprang auf, spontan umarmte sie den Beamten. „Dankeschön."
Die Familie wurde mit dem Polizeiwagen nach Hause gebracht. Man gratulierte der Braut und wünschte einen schönen Tag.
Susi rannte mit dem Bündel die Treppe hinauf, sie staunte nicht schlecht. Ihr Kleid hatte nun einen Schlitz. Schnell zog sie es über. Dann musste sie laut lachen. Der Schlitz war genau an der richtigen Stelle! Man würde ihre schlanken Beine sehen, sie fand ihr Brautkleid nun richtig sexy.
Sie rief ihre Freundin an, die ihr die Haare kunstvoll aufsteckte.
„Du siehst zauberhaft aus, der Schlitz ist super, so kannst du sogar noch besser tanzen am Abend. Und schau mal, ich schenke dir dieses Strumpfband passend zu deinen rosaroten Rosen. Sie wurden eben geliefert wie ich sehe. Ein Auto von der Gärtnerei ist gerade vorgefahren", schwärmte sie begeistert.
Es wurde Zeit zu gehen, bald würden die Glocken läuten. Fritz würde am Altar warten.
Von meinem Stress durch das verschwundene Kleid werde ich ihm viel später erzählen, dachte Susi fröhlich. Der schönste Tag ihres Lebens konnte beginnen.

Der Gartenzwerg

In meinem Garten gab es immer viel zu tun, aber die Arbeit machte mir damals unheimlich viel Freude. Die Sommertage waren vorbei, viel zum Ernten gab es nicht mehr.

Das Laub, das ich zusammengescharrt hatte, wollte ich eben in eine große Tüte füllen, da hörte ich eine Stimme: „Du wirst das Laub doch nicht etwa entsorgen? Das tut man nicht!"

Erschrocken hielt ich inne und sah mich um. Kein Mensch war zu sehen, auch meine Nachbarin Elisabeth sah ich nicht am Fenster lehnen.

„Hier bin ich", hörte ich wieder reden.

Mein Blick fiel auf den kleinen Zwerg.

„Hast du was gesagt?", fragte ich erstaunt. „Hach, mein Gartenzwerg kann plötzlich sprechen, ich glaube, nun bin ich doch übermüdet", redete ich vor mich hin.

Plötzlich sah ich zwei winzige Äuglein, die mich aus einem Loch beobachten. Nun sehe ich auch noch Mäuse, dachte ich. „Komm doch heraus, ich tu dir nichts", sagte ich belustigt.

„Du vielleicht nicht, aber die Katze mag mich nicht, das weiß ich genau. Hör gut zu, was der Zwerg dir sagen will, es ist wichtig."

Vollkommen verwirrt sah ich den verwitterten Zwerg wieder an.

„Lass das Laub liegen, für meinen Freund, den Igel, er braucht das für seinen Winterschlaf", sprach der Zwerg.

Ich glaubte zu träumen, aber die Maus piepste: „Ja, und die

Frau vom Igel kommt später auch noch, um Winterschlaf zu halten. So herzlos bist du hoffentlich nicht. Ach ja, hast du noch ein Stückchen von dem Schweizer Käse, den ich neulich am Boden fand? Der war sehr fein."
Ein Spatz den ich vorher nicht gesehen hatte, fragte zwitschernd: „Vergiss das Vogelfutter bitte nicht."
Er flog davon, als meine Kitty die Wiese durchquerte.
Ich setzte mich auf einen Gartenstuhl, denn irgendwie wurde mir schwindelig. Ich dachte an die `Maus Ketty` aus meinem Geschichtsbuch in Luxemburg. Diese hatte was erlebt! Nun fehlt nur der Hund vom Nachbarn nebenan, dachte ich. Und schon streckte der Terrier seine Fellnase durch das Loch in der Hecke.
„Wau, wau", tönte es.
Es klang beruhigend und meine Freude war groß als ich merkte, dass der Hund nicht gesprochen hatte. Nachbarin Greti kam lachend zum Zaun. „Hast du gehört, unser Hund begrüßt dich."
Ich war unfähig, etwas zu sagen.
„Du siehst so bleich aus, fehlt dir etwas?", fragte sie besorgt.
„Alles okay, ich bin bloß etwas müde."
Ich sah nun, wie Elisabeth die Treppe zu ihrem Haus hochging. Sie sah mich freundlich an.
„Machst du Pause? Ich habe neulich einige Blindschleichen oben in deinem Garten gesehen."
„Ich weiß, die fressen doch die Nacktschnecken. Darum gibt es bei mir den besten Salat."
Beide Frauen lachten.
Ich fragte: „Habt ihr Zeit? Ich habe auch guten Kaffee,

kommt doch rüber."

„Dein Zwerg braucht auch mal einen neuen Anstrich", meinten meine Freundinnen, als wir gemütlich den Kaffee tranken.

„Naja, ich muss ihn mal fragen, ob er das überhaupt möchte", sagte ich amüsiert.

Ein fröhliches Lachen war die Antwort der Nachbarinnen

Nur ich habe jedoch ganz genau gesehen, dass mein Gartenzwerg grinsend genickt hatte.

Das Eichhörnchen

Man sieht diese Tiere im Sommer eher selten, wahrscheinlich, weil das grüne Laub sie verdeckt, wenn sie in den Baumkronen herumspringen oder ihre Jungen beschützen, die in einem halben Meter großen Nest im Frühling das Licht der Welt erblickten.

Im Altersheim lebte ein Mann, alle nannten ihn Hans, er liebte diese Tiere sehr. Er selber konnte keine Nüsse essen, denn ihm fehlten leider einige Zähne zum Kauen. Er hatte es sich zur Gewohnheit gemacht, auf dem Fenstersims einige Haselnüsse hinzulegen und zwar mit der Schale. Denn die Tierchen haben anscheinend sehr gute Zähne, mit denen sie die harte Schale knacken können. Hans bedauerte, dass er selber nicht besser zubeißen konnte. Zum Zahnarzt zu gehen, dazu fehlte ihm das Geld.

Die Äste des Kastanienbaums die im Sommer so viel Schatten spendeten, waren immer näher zum Fenster gewachsen.

So wurde es ein leichtes Jonglieren für das Eichhörnchen, um die Nüsse zu stehlen. Der Mann beobachtete das Tier dabei und lächelte.

Im Sommer saß Hans mit den anderen Bewohnern auf dem Sitzplatz, wo alle kühle Erfrischungen serviert bekamen. Dann kam das Eichhörnchen in die Nähe, um zu sehen, ob da nicht doch eine Nuss auf dem Tisch lag oder auf dem Boden.

Alle Leute sahen dann immer voll Spannung zu, wenn das Tier herbeiflitzte und schnell wieder mit seiner Beute verschwand. Vor allem, wenn die Katze, die auch in dem

Heim wohnte, in der Nähe war. Oft blieb das Eichhörnchen aber neben dem Stuhl von Hans sitzen und knabberte dort an seiner Beute herum.

Eines Tages fand das Tier kein Futter auf dem Fenstersims, mit seinen listigen braunen Augen sah es durch das halbgeöffnete Fenster in das Zimmer hinein. Der alte Mann saß im Lehnstuhl und rührte sich nicht, er atmete schwer. Das Eichhörnchen sprang ins Zimmer, dann hüpfte es auf ein Knie von Hans. Als der sich immer noch nicht bewegte, nahm es den Knopf zwischen die Zähne, der dem Mann an einem Band um den Hals hing. Das war der Knopf, den man drücken muss, wenn man Hilfe brauchte. Bald darauf kam ein Pfleger ins Zimmer, um nachzusehen und sah das Eichhörnchen eilig verschwinden. Der Pfleger sah sofort, dass der Mann einen Asthmaanfall hatte. Schnell gab er ihm das Spray in den Mund, das er für solche Fälle immer dabeihatte. Hans seufzte tief, dann ging es ihm wieder besser. Der Pfleger sah Beißspuren an dem Knopf, ihm wurde klar, dass das Eichhörnchen Hans das Leben gerettet hatte. Hans stand langsam auf und murmelte: „Nun hätte ich doch wirklich fast vergessen, meinem Freund sein Futter zu geben.“
Als Dank legte er an diesem wundervollen Tag noch ein paar leckere Baumnüsse dazu. Es dauerte nicht lange und schon war sein Freund und Retter wieder da.

Die Geschichte hörte sich unglaublich an, aber der Pfleger erzählte die Story vom Eichhörnchen überall herum.

Es ist gut, wenn jeder Mensch Freunde hat – egal, ob Mensch oder Tier! Einsamkeit macht traurig und kann manchmal sogar tödlich sein ....

Erster Schnee

„Es schneit, es schneit." Die Stimmen der Kinder überschlugen sich fast.
Die Lehrerin sah zum Fenster hinaus: „Kinder, bitte seid still, zuerst schreibt euren Aufsatz fertig, dann machen wir eine Pause."
Augenblicklich wurde es ruhig im Schulzimmer.
Endlich war die Stunde um und die Kinder brachten ihr Heft zu der Lehrerin.
„Nun bin ich aber gespannt was ihr geschrieben habt."
Sie sah in strahlende Gesichter.
„Wisst ihr was, ich hänge eure Sterne, die ihr gestern gebastelt habt ans Fenster und dazu singen wir alle zusammen Leise rieselt der Schnee ..."
Das passte, denn draußen schneite es immer mehr. Es war ein emotionaler Moment, als die verschiedenen Sterne am Fenster baumelten und der Gesang der Kinder erklang.
„Für heute machen wir Schluss", entschied die Lehrerin. „Ich möchte euch noch etwas schenken, kommt alle nach vorne."
Sie öffnete eine Schachtel, die auf ihrem Schreibtisch stand und übergab jedem Kind einen kleinen Engel aus Stoff, den sie vorsichtig in Seidenpapier einhüllte. Das Staunen ihre Schützlinge war groß. „Passt schön auf beim Nachhausegehen, vielleicht ist es glatt da draußen. Nach den Weihnachtsferien sehen wir uns wieder."
Freudig riefen die Kinder: „Danke, Fräulein, Ihnen wünschen wir auch fröhliche Weihnachten."
Die Engel verschwanden im Schulranzen, dann zogen alle

ihre Stiefel und Windjacken an und liefen hinaus auf den Hof, in den nun schon fünf Zentimeter hohen Schnee.
Die Lehrerin stand am Fenster und sah zu wie `ihre Kinder` sich austobten auf dem Schulhof. Schneebälle flogen durch die Gegend. Danach machten sich alle fröhlich auf den Heimweg. Nur der kleine Tommy stand allein dort. Die Lehrerin nahm schnell ihren Mantel und ging hinaus.
„Tommy, möchtest du nicht nach Hause gehen, zusammen mit den anderen?“
Das Kind sah traurig zu ihr auf. „Meine Mama musste heute ins Spital und ich habe vergessen, den Schlüssel mitzunehmen.“
„Ach, ist denn sonst niemand zu Hause?“
„Nein, ich bin ganz allein.“
Entsetzt sah die Lehrerin ihren Schüler an. „Ich habe eine Idee, wir fahren zusammen ins Krankenhaus und besuchen deine Mutter.“
Tommy wischte die Tränen fort. Sein Gesicht hellte sich auf, als er im Auto der Lehrerin saß.
Tommys Mutter war wach, sie hatte einen dicken Verband um die Schulter herum.
„Bin ich froh, euch zu sehen! Ich habe mir schon seit Stunden Gedanken gemacht.“ Sie erzählte der Lehrerin, dass sie am Morgen auf dem Glatteis ausgerutscht sei und die Schulter gebrochen habe und dass ihre Nachbarin ausgerechnet jetzt in den Ferien wäre. „Sie kümmert sich immer um Tommy, wenn ich nicht zu Hause bin.“
„Ich werde mich heute gerne um Ihren Sohn kümmern“, versprach die Lehrerin spontan.

„Das werde ich Ihnen nie vergessen, herzlichen Dank." Die Mutter hatte Tränen in den Augen vor Freude, aber auch vor Schmerz.
Tommy kramte in seiner Schultasche, nahm den kleinen Engel heraus und stellte ihn seiner Mama auf den Nachttisch.
„Damit du schnell wieder gesund wirst", sagte das Kind ernst, nahm ihre gesunde Hand und küsste sie zärtlich.
„Du bist ein guter Junge, ich habe dich sehr lieb", sagte seine Mama und streichelte ihm über den Kopf. Dankbar sah sie die Lehrerin an. „Unsere Nachbarin kommt Ende der Woche zurück aus Spanien. Ich hoffe, dass ich dann auch wieder nach Hause kann und wir von ihr umsorgt werden."
„Es ist schön, wenn man solche hilfsbereiten Nachbarn hat. Aber nun brauchen wir noch den Schlüssel zur Wohnung, Tommy hat seinen vergessen. Ich hole warme Kleider für Ihren Sohn. Wenn Sie auch etwas brauchen, sagen Sie es mir einfach."
„Danke, ich werde hier bestens versorgt, wenn nur diese grauenvollen Schmerzen nicht wären", seufzte Tommys Mutter.
In dem Moment kam ein Arzt ins Zimmer. „Sie haben Schmerzen? Da kann ich Ihnen helfen. Leider müssen Sie nun Geduld haben, alles wird wieder gut, das verspreche ich. Und Ihr Sohn kann gerne hier neben Ihnen schlafen. Im Zimmer ist ja Platz genug!"
Tommy lächelte, er war nun nicht mehr so furchtbar traurig. Und seiner Mama fiel ein riesiger Stein vom Herzen!

Die Schuhe vom Nikolaus

Ein Wanderer namens Nikolaus schritt vor langer Zeit ganz gemütlich über den Wanderweg im Wald. Er kam aus der Schenke `Zur alten Burg`.

Der Mann sah sehr zufrieden aus, denn er hatte gut gespeist und ein großes Glas frischgepressten Apfelsaft getrunken.

Er hatte einen wunderschönen Herbsttag erwischt, die Sonne strahlte vom Himmel und an den Bäumen leuchtete das Laub prächtig in allen Farben und der Wind ließ einzelne Blätter tanzend herunter segeln.

Nikolaus spürte plötzlich ein Kribbeln an seinen Füßen, er wunderte sich und wollte seine Schuhe ausziehen, um nachzusehen. Es setzte sich auf einen großen Stein.

Da kam ein kleiner Wicht hervorgesprungen. Er sah den Mann prüfend an, dann sprach er: „Du hast aber schöne Schuhe, wollen wir tauschen?"

Der Mann kratzte sich an seinem weißen Bart, dann rieb er seine Augen, denn er konnte nicht glauben, was er da sah ...

Er schüttelte den Kopf und sagte lachend: „Was willst du mit meinen Schuhen? Die sind ja viel zu groß für dich!"

„Na ja", meinte das Wichtelmännchen, „ich kenne einen armen Mann, der würde sich freuen über feste warme Schuhe."

„Aber ich muss noch nach Hause gehen und dieser Waldweg ist ziemlich steinig wie du siehst, deine roten Filz-Pantoffeln kann ich nicht gebrauchen."

Der Wicht ließ nicht locker. „Wenn ich dich nach Hause

begleite, schenkst du mir dann deine Schuhe?“
Der Mann war einverstanden.
Er ging nach Hause und der kleine Wicht hüpfte die ganze Zeit neben ihm her, aus lauter Freude.
Zu Hause angekommen zog der Wanderer die Schuhe aus und gab sie dem Wicht.
Wie von Zauberhand hatte der plötzlich schöne rote Stiefel in der Hand mit Lammwolle gefüttert und gab sie dem Niklaus. „Du kannst die ja am Nikolaustag anziehen und den ganz armen Kindern Geschenke bringen. Du wirst sehen, wie die sich freuen werden. Hier gebe ich dir auch noch einen Sack mit Nüssen, Lebkuchen und Äpfeln. Außerdem ist dein Name ja schon Nikolaus und wandern tust du auch gerne.“
Der Mann war kurz sprachlos, dann sagte er: „Gut, das werde ich tun, denn mein Namensvetter ist ja schon lange gestorben und der hatte ja immer den armen Kindern geholfen soviel ich weiß.“
Der Wicht freute sich und verschwand wieder im Wald.

Am sechsten Dezember zog der Nikolaus dann seine warmen Stiefel an und packte den Sack mit den Geschenken auf seinen alten Schlitten, den er noch im Stall hatte. Dann spannte er seinen Esel an und schon ging es los. Bald waren die ersten Häuser in Sicht. Er klopfte an den Türen und beschenkte alle Kinder im Dorf mit den feinen Sachen. Die freuten sich unbeschreiblich über die Gaben, die sie da geschenkt bekamen.
In den anderen Dörfern erzählte man sich das freudige Ereignis.

Von dem Tag an wurde wieder überall der Tag vom Heiligen Nikolaus gefeiert, zur Freude aller Kinder. Der Namenstag wurde bis heute nie mehr vergessen.

Lotta und die Liebe

Das Haus, in dem Lotta, zusammen mit ihren Großeltern wohnte, war sehr klein. Aber sie hatten sich daran gewöhnt. Es war gar nicht so schlimm, denn sie hatten alles, was man so braucht im Leben.

Die Eltern von Lotta waren durch die große weite Welt gereist und das Kind wurde von Oma und Opa versorgt. Nach mehreren Jahren waren Lottas Eltern nach Hause gekommen, doch beide lebten nicht mehr lange, sie hatten eine tropische Krankheit erwischt, es war sehr traurig, denn es bestand keine Hoffnung mehr die Krankheit heilen zu können. Oft jammerte Oma. Sie konnte nicht verstehen, dass ihre Tochter und deren Mann so früh sterben mussten.

Lotta war noch viel zu klein, um alles zu verstehen oder zu trauern. Sie hatte einige Freundinnen im Dorf, mit ihnen konnte sie täglich spielen. Ein Junge war auch dabei, er hatte die Kinderlähmung gehabt. Seine Beine waren gelähmt geblieben. Das war zwar sehr traurig aber es störte niemanden. Alle Kinder halfen Marvin, wenn er mit dem Rollstuhl nicht vorwärts kam.

Marvin war der stolze Besitzer eines Baumhauses. Er hatte seine eigene Technik, um sich bis nach oben zu ziehen. Wenn er dann oben war, zog er die restlichen Seile samt Leiter hoch.

Er brauchte oft diese Ruhe für sich allein. Er las dann viele Bücher, so wusste er viel mehr als andere Kinder. Er kannte beinahe alle Tiere beim Namen, auch kein Kontinent war ihm fremd.

Sein Vater war Briefträger von Beruf, er war eigentlich immer irgendwo im Dorf zu finden. Wenn Marvin im Baumhaus saß, brachte ihm sein Papa Obst und eine warme Mahlzeit. Für diese Sachen gab es einen Korb, den der Junge einfach hochzog.
„Danke, Vater, ich komme etwas später nach Hause", sagte er dann meistens.
Wo die Mutter war, das wusste keiner. Sie hatte es nicht ertragen, einen Krüppel zum Kind zu haben und war einfach fort gegangen. Die Dorfbewohner waren alle schockiert gewesen über ihr Handeln, ändern konnte es jedoch niemand.

„Marvin, darf ich dich besuchen?" Lotta stand unter dem Baumhaus und wartete auf Antwort.
Plötzlich wurde die Besucherleiter langsam heruntergelassen.
Erfreut stieg Lotta hoch. Marvin hatte sie noch nie eingeladen, umso mehr freute sich das Mädchen nun auf die Besichtigung dieses einmaligen Baumhauses.
„Hey, Marvin, wie cool ist das denn, du hast hier eine wirklich gemütliche Bude."
„Na ja, man tut was man kann", meinte der Junge lächelnd. Schnell gab er Lotta ein Kissen, damit sie es sich bequem machen konnte. Dann reichte er ihr ein Fläschchen Limonade.
Lotta dankte und staunte über die vielen Bücher.
„Du kannst dir gern eins ausleihen, wenn du Lust zum Lesen hast", grinste Marvin.
„Ja gern, das ist nett, danke."

Lotta fragte den Jungen noch einiges wegen ihrer Hausaufgaben, denn oft verstand sie die Fragen nicht. Marvin half ihr gerne dabei.

Gegen Abend kletterte Lotta wieder nach unten.

„Bye, ich muss Oma helfen, komme aber gerne wieder." Mit dem Buch in der Hand lief sie geschwind nach Hause.

„Stell dir vor, Oma, ich durfte heute ins Baumhaus, von dem alle reden. Noch gar niemand durfte hinauf außer mir."

„Fein, der Junge kann einem leidtun, aber wir können es leider nicht ändern", sagte Oma resolut. Opa grummelte: „Sei froh, dass du gesund bist."

Nach dem Abendessen half das Mädchen beim Abwasch. Nun war sie gespannt auf das Buch, das sie sich von Marvin ausgeliehen hatte.

Sie las eine Geschichte über Bienen, darüber wusste sie so gut wie nichts. Das Leben der Bienen erstaunte sie sehr. Sie wollte mehr wissen.

In der nächsten Zeit verschlang Lotta so manches Buch mit großem Interesse.

Die Jahre gingen dahin.

Lotta hatte, wie die anderen Klassenkameraden auch, die Schuljahre abgeschlossen. Anschließend hatte sie eine Lehre als Verkäuferin gemacht. Sie hatte eine kleine Wohnung in der Stadt gefunden und Arbeit in einem großen Lebensmittelgeschäft.

An den Wochenenden ging sie oft zum Tanzen mit Freunden. Diese begleiteten das hübsche Mädchen sehr gern. Ein junger Mann hatte es ihr besonders angetan. Sie mochte ihn, besser gesagt, sie hatte sich in ihn verliebt. Frank ging es genauso. Sie verbrachten viel Zeit zusammen. An einem warmen Sommertag saßen sie allein auf einer Bank im Park und erzählten aus ihrem Leben. Frank rückte immer näher zu ihr, dann küsste er Lotta zärtlich. Sie ließ es geschehen, denn sie war verliebt und sehr glücklich. Nicht lange danach zogen sie zusammen.

Ihre Großeltern hatte Lotta nicht vergessen. Mindestens zweimal pro Woche rief sie an und redete über alles Mögliche.

„Ich komme euch am Sonntag besuchen, wenn ich darf?"

„Was für eine Frage, Kind! Wir freuen uns doch, es ist so einsam hier ohne dich."

„Ach Oma, ihr wisst doch, ich muss viel arbeiten. Doch nun habe ich Sehnsucht nach euch."

Lotta kaufte ein paar Lebensmittel ein, von denen sie wusste, dass ihre Großeltern diese Sachen liebten. Sie hatte sich vorgenommen, sehr früh zu fahren und wollte dann das Essen kochen.

Die Freude war sehr groß als sie ankam. „Lotta, du siehst so vornehm aus und bist noch schöner geworden", meinte ihr Opa.

„Ja, stimmt, ich habe es auch bemerkt." Oma lächelte und umarmte ihre Enkelin.

Nachdem Lotta ihnen von ihrer Arbeit und ihrem Freund erzählt hatte, zog sie ihre Jeans an und ein altes T-Shirt. Sie wollte beim Kochen keine Flecken auf ihrem Sonntagskleid haben.

„So, ihr beiden, nun werde ich den Kochlöffel schwingen, heute werdet ihr mal so richtig verwöhnt."

Sie hatte nicht zu viel versprochen, den Großeltern schmeckte das Essen ausgezeichnet.
„Schade, dass du so weit weg wohnst von uns“, meinte Oma ein wenig wehmütig.
„Ach Oma, du hast ja recht, aber ich verspreche, ich werde euch nun öfters besuchen. Ihr habt doch nichts dagegen, wenn ich nun noch kurz ins Dorf gehe? Mal sehen, ob ich meine Freunde überraschen kann.“
„Ja, tu das, wir werden uns etwas ausruhen.“
Lotta kam am Baumhaus vorbei.
„Ist jemand zu Hause?“, rief sie.
Marvin steckte den Kopf heraus. „Na sowas, Lotta, ich hätte dich fast nicht erkannt“, sagte er freudig und ließ die Leiter herunter.
„Hallo, Marvin, lange nicht gesehen, wie gehts dir?“
„Eigentlich wie immer. Ich freue mich ja so über deinen Besuch. Komm, setz dich. Wie du siehst, male ich nun. Ich hatte sogar schon eine Ausstellung in der Bibliothek.“
„Das freut mich, hast du denn auch Bilder verkauft, wenn ich fragen darf?“
„Ja, den Leuten gefällt mein Stil.“
Lotta sah sich um. „Mir gefallen deine Bilder auch, vor allem das mit der Landschaft, wo unser Haus zu sehen ist.“
„Ach das, ich schenke es dir“, sagte Marvin mit einem Lächeln.
Lotta rutschte näher zu Marvin und umarmte ihn. Er streichelte ihr über den Rücken und küsste sie, zuerst auf die Stirn, dann auf den Mund. Lotta klammerte sich fest an Marvin, eine Welle leidenschaftlicher Liebe durchströmte die beiden. Es kam so überraschend wie ein Blitz aus

heiterem Himmel. Nach einer Weile lagen sie still auf den Kissen.
„Du bist wunderbar, Lotta. Ich danke dir. Mich hat noch nie jemand so glücklich gemacht“, flüsterte Marvin.
Sie lächelte ihn an: „Es war schön mit dir, mein lieber Freund, ich werde dich nie vergessen. Doch nun sollte ich nach Hause gehen. Es ist spät geworden, Oma und Opa werden sich sonst Sorgen machen.“
„Ich werde dich auch nicht vergessen, liebe Lotta. Hey, vergiss das Bild nicht.“
„Nein, bestimmt nicht. Ich danke dir nochmal.“
Lotta warf ihm eine Kusshand zu und kletterte die Leiter hinunter.

„Schaut mal, was Marvin gemalt hat!“
Ihre Großeltern staunten nicht schlecht, als sie das Bild sahen. „Ich lasse er hier bei euch. Dort über dem Sofa würde es gut passen.“
„Schade, dass du schon fahren musst. Wir können das ja gut verstehen, aber bitte komm bald wieder und bring deinen Freund mit. Den möchten wir auch gerne kennenlernen.“
Lotta versprach es, dann fuhr sie wieder in die Stadt, wo Frank auf sie wartete. „Meine Großeltern lassen grüßen, sie möchten dich gerne kennenlernen.“ Nur kurz dachte sie auch an Marvin.
Frank umarmte sie zärtlich. „Okay, ich komme gerne mit dir, wenn du sie wieder besuchst“, sagte er liebevoll.
Ein paar Wochen später geschah ein furchtbarer Unfall. Frank war mit seinem Wagen unterwegs, da stand

plötzlich ein Reh mitten auf der Straße. Frank musste sekundenschnell reagieren, aber sein Ausweichmanöver hatte schlimme Folgen für ihn, sein Auto landete mit ihm an einem Baum. Zum Glück konnte der nächste Autofahrer bremsen und sofort den Krankenwagen herbeirufen. Frank war bei Bewusstsein, aber er blutete stark. Der Zeuge konnte der Polizei den Hergang des Unfalls genau schildern. Wenn er nicht gewesen wäre, hätte niemand gewusst, dass das Reh erschrocken, aber unverletzt im Wald verschwunden war.
Es war gut, dass Frank in seinem Handy die Nummer von Lotta, mit `ICE` markiert hatte, so erfuhr sie schnell von der Polizei, warum ihr Freund nicht nach Hause kommen konnte.
(ICE bedeutet "In case of emergency". Die entsprechende Nummer auf dem Handy gespeichert, erleichtert im Notfall die Verständigung von Angehörigen und die Identifikation von Verunfallten.)
Sofort fuhr Lotta zu ihm, musste aber warten bis er aus der Narkose erwachte. Sein Arm war genäht worden, ganz bleich lag er in den Kissen. Sie küsste ihn auf die Nasenspitze.
„Werde schnell wieder gesund, mein Schatz, ich muss dir etwas sehr wichtiges sagen."
In dem Moment schlug er die Augen auf. „Wo bin ich? Und was willst du mir sagen?"
Lotta küsste ihn freudig. „Du hast sehr viel Glück gehabt, hat der Arzt gesagt. Denn wenn du nicht sofort Hilfe bekommen hättest, wärst du verblutet. Was hätte ich bloß ohne dich gemacht?"

Nun kullerten Tränen aus Lottas Augen.
„Bitte weine nicht, ich bin doch hier und werde immer bei dir bleiben. Aber was wolltest du mir denn noch sagen?“
Lotta wischte die Tränen weg. Mit strahlendem Gesicht verkündete sie nun: „Wir bekommen ein Baby.“
„Oh mein Gott, wie ich mich freue! Nun sind die Schmerzen besser zu ertragen. Geht es dir gut? Was sagt dein Arzt? Ich liebe dich“, sprudelte es aus ihm heraus. „Komm bitte näher, ich möchte dich küssen.“
Frank hatte wirklich Glück gehabt, eine Woche später konnte er das Krankenhaus wieder verlassen.
Doch nach einer guten Nachricht folgt meistens eine schlechte …
Oma rief an: „Lotta, es ist so traurig, dein Opa ist plötzlich gestorben, es war sein Herz.“
„Oma, ich komme zu dir.“ Lotta war sehr bestürzt. Oma im Stich zu lassen, das kam nicht in Frage.
Frank konnte bei seiner Schwester wohnen, denn er war noch viel zu schwach, um alleine zu Hause zu sein. Er brauchte noch Hilfe.
Oma hatte die Beerdigung ihres Gatten mit Hilfe der Gemeinde schon organisiert.
„Liebe Lotta, ich habe mich im Altersheim angemeldet, ... bitte schau mich nicht so traurig an, dort werde ich es guthaben. Unser Häuschen gehört nun dir.“
„Ach Oma, ich kann nicht hier wohnen, denn Frank arbeitet am anderen Ende der Stadt … Vermiete doch das Haus. Denn im Heim kannst du das Geld gut gebrauchen. Ich muss dir auch noch etwas sagen: Du wirst bald Uroma.“

Nun lächelte die Frau: „Ach Kind, ich freue mich mit euch, das ist schön."

Die Trauerfeier fand in aller Stille statt. Nur die Nachbarn waren alle gekommen, sie würden auch in Zukunft Oma helfen, das hatten sie versprochen.

Lotta reiste bald darauf wieder zu Frank, denn sie musste wieder zur Arbeit ins Geschäft.

Nach ein paar Wochen konnte man die Rundung an ihrem Bäuchlein gut erkennen. Sie hatte keine gesundheitlichen Probleme. Es ging ihr erstaunlich ausgesprochen gut.

Franks Wunde war auch verheilt.

„So, mein Lieber, am Sonntag gehe ich Oma besuchen, bevor ich nicht mehr hinters Steuerrad passe. Kommst du mit?"

„Natürlich werde ich mit dir zusammen deine Großmutter besuchen. Ich bin schon sehr gespannt."

Oma konnte es kaum fassen, immer wieder legte sie ihre runzlige Hand auf den Bauch ihrer Enkelin, um zu fühlen. Frank gefiel ihr auf den ersten Blick. Bei ihm wird es Lotta guthaben, dachte sie.

„Wenn das Kind da ist, werden wir Hochzeit und Taufe gleichzeitig feiern und du, liebe Oma, wirst dabei sein. Ich werde dich dann abholen", sagte Frank und umarmte Oma.

Lotta gebar einen hübschen kleinen Jungen, ihr Glück war nun vollkommen. So harmonisch hatte sie sich das Leben immer vorgestellt.

In ihrem kleinen Heim war alles vorbereitet für den neuen Erdenbürger.

Frank hatte ein Buch gekauft, dort stand alles genau

beschrieben, über die Pflege und was ein Säugling so alles braucht.
Ein wunderschönes Hochzeitsfest folgte. Bei der Taufe erhielt der Kleine den schönen Namen Thomas.
Ein paar Tage später fuhr Oma wieder ins Heim zurück, begleitet von ihrer Familie.
Frank fuhr extra an Omas Haus vorbei.
„Ach, ich habe es ganz vergessen, die Leute, die nun dort wohnen, wollen das Haus kaufen."
„Das ist gut", sagte Lotta, „dann reicht dir das Geld fürs Heim ganz bestimmt."
Oma lachte nun. „Sicher, ich habe vor, 100 Jahre alt zu werden, aber das liegt in Gottes Hand."
Sie fuhren langsam durchs Dorf.
Ein Rollstuhlfahrer war unterwegs. Es war Marvin. Lotta hatte ihn fast nicht erkannt, denn er trug nur ein Unterleibchen. Wahrscheinlich war ihm zu heiß geworden. Dann sah sie an seinem Oberarm ein Muttermal in Form eines Zackens. Ihr kam plötzlich ein erschreckender Gedanke. Es verschlug ihr den Atem.
Da Frank den Mann nicht kannte, fuhren sie vorbei.
Mein Gott, ich habe das Muttermal nie bemerkt, dachte sie entsetzt. Ich werde wahnsinnig, das kann doch nicht wahr sein. Sie versank in ihren Gedanken. „So, Oma, nun bist du wieder in deinem Heim", hörte Lotta ihren Mann reden. Sie riss sich zusammen. Nach einem emotionalen Abschied von ihrer Oma fuhren sie wieder nach Hause. Frank merkte, dass Lotta so still war, dachte aber nur: Kein Wunder, sie ist sicher müde.
Doch Lotta dachte immer dasselbe: Mein Sohn hat doch

auch ein Muttermal, das genau gleiche wie Marvin... Soll ich mit Frank darüber reden? Wird Frank es verstehen? Wird er mich dann immer noch lieben?
Thomas fing an zu weinen, sie nahm ihn auf den Arm und stillte ihn.

Ein Jahr war vergangen und Thomas machte die ersten unsicheren Schritte.
Da Frank auf Geschäftsreise musste, sagte er: „Du kannst doch Oma besuchen, was meinst du?"
„Das ist eine gute Idee. Sie wird staunen, dass unser Kleiner schon laufen kann. Wir haben ihr das noch gar nicht berichtet."
Dankbar küsste Lotta ihren Mann.
Ihre Großmutter freute sich sehr über den unverhofften Besuch. Sie strahlte über das ganze Gesicht. Dann wurde sie jedoch ernst. „Weißt du, dass Marvin sehr krank ist?"
Lotta erschrak. „Ist er denn im Krankenhaus?", fragte sie angstvoll.
„Ja, sein Vater sitzt fast Tag und Nacht an seinem Bett, hab ich vernommen. Du könntest ihn besuchen, es ist ja nicht weit von hier. Ein wenig frische Luft täte dir gut, du bist ziemlich blass."
Lotta nickte. „Okay, ich nehme Thomas mit, dann bis nachher."
„Sind sie verwandt?", fragte die Krankenschwester.
Lotta nickte einfach und strich Thomas die Haare aus der Stirn. Dann ging sie ins Krankenzimmer.
Marvin sah sie mit eingefallenen Augen an.
„Lotta, du bist gekommen, so cool, dass ich dich noch

einmal sehen darf. Ist das dein Kind?"
Lotta zog dem Kleinen den Pullover aus, denn es war sehr warm im Zimmer. „Ja, sein Name ist Thomas," antwortete sie. „Schau mal auf seinen Arm."
Marvin war verblüfft.
„Ach, er hat auch ein Muttermal." Dann wurden seine Augen immer größer. „Du willst mir damit doch nicht sagen, dass dein Sohn auch mein ... ", stotterte er.
„Er sieht dir sehr ähnlich, findest du nicht?"
Sie setzte den Kleinen auf die Bettdecke, damit Marvin ihn besser sehen konnte. „Ich weiß nicht, was ich sagen soll. Ich hatte keine Ahnung, aber es macht mich sehr glücklich." Er strich dem Jungen über das Gesicht und nahm sein Händchen. Seine feuchten Augen strahlten, obschon er furchtbare Schmerzen hatte.
„Du musst dich ausruhen", meinte Lotta nach einer Weile. „Komm, lass dich umarmen."
Thomas machte es ihr nach, er gab dem Mann einen dicken Kuss. Lotta zog dem kleinen Kerl seinen Pulli wieder an, dann verließ sie mit ihrem Kind winkend das Krankenzimmer.
Draußen holte sie tief Luft. Was wird nun werden? Soll ich meinem Mann die Wahrheit sagen? Viele dieser Gedanken quälten sie.
Sie verabschiedete sich noch kurz bei Oma. Dann fuhr sie Richtung Stadt zurück.
Lotta bemerkte, wie glücklich Frank war, als er Thomas ansah. Ich werde alles für mich behalten. Ich kann es einfach nicht verraten. Dafür liebe ich Frank zu sehr und er liebt das Kind doch auch, dachte sie. Thomas hat meine

Blutgruppe, das ist gut so, es wird mein Geheimnis bleiben, für immer und ewig.
Eine Woche später rief ihre Oma an: „Stell dir vor, der arme Marvin ist gestorben. Nun muss er nicht mehr leiden. Aber dein Besuch hat ihn mächtig gefreut, berichtete sein Dad."
Weinend antwortete Lotta: „Er möge in Frieden ruhen, er war mein liebster Freund." Bei sich dachte sie, oh mein Gott, ich werde ihn nie vergessen – wie könnte ich auch – mein Kind ist sein Sohn. Nach außen hin versuchte sie jedoch, ihre Trauer nicht zu zeigen.
Im Stillen bat sie ihren Mann Frank um Verzeihung, aber sie brachte kein Wort über die Lippen.
In der Nacht träumte sie von Marvin.
Am Morgen sah ihr Ehemann sie lange an. „Du hast laut gesprochen im Schlaf. Du hast immer wieder gesagt: Thomas ist dein Kind, ich hoffe, es macht dich glücklich, das zu wissen."
Lotta sah Frank an, dann schossen ihr Tränen in die Augen. Frank nahm sie in seine Arme und sagte mit fester Stimme: „Lotta, du weißt, dass ich dich liebe! Ich habe dir auch etwas verheimlicht ... Es ist so ... Ich kann gar keine Kinder zeugen. Das erfuhr ich, als ich den Unfall hatte. Thomas kann also gar nicht mein leibliches Kind sein. Ich weiß es längst und liebe ihn dennoch über alles. Nun ist das Geheimnis gelüftet. So sollte es doch auch sein in einer glücklichen Familie. Oder was meinst du?"
Lotta sah ihren Mann an als sähe sie ihn zum ersten Mal. Dann nickte sie. „Ich konnte es dir nicht beichten, ich hatte Angst dich zu verlieren. Ich liebe dich doch so sehr."
Sie wischte ihre Tränen fort und kuschelte sich eng an ihn.

Ihr Herz war endlich frei von Sorgen.
„Was meinst du, sollen wir Marvins Vater besuchen und ihm alles erzählen? Das wird bestimmt ein Trost für ihn werden."
Frank lächelte: „Genau das wollte ich dir eben vorschlagen. Ich bin sicher, er wird sich wundern, aber auch sehr freuen über einen unerwarteten Enkel. Oma besuchen wir auch. Am Wochenende fahren wir, ist das okay für dich?"
Lotta nickte, reden konnte sie nicht.
Zärtlich küsste sie ihren geliebten Frank.

Nick und der Rabe

Es war einmal ein kleiner Vogel, er fiel aus dem Nest, als es stürmte und in Strömen regnete. Nun lag er pitschnass unter der großen Eiche und hatte einen Flügel verletzt. Er lag auf dem Rücken und rührte sich nicht mehr.

Ein kleiner Junge Nick fand ihn, als er von der Schule nach Hause ging. Sofort zog der Bub seine Handschuhe aus und nahm den Vogel in seine warmen Hände und hauchte ihn an. Es war wie ein Wunder, denn plötzlich blinzelte der Vogel und sein kleines Herz schlug angstvoll.

Der kleine Nick redete mit sanfter Stimme auf ihn ein und streichelte den Kopf des schwarzen Vogels. Der Junge merkte, dass etwas mit dem Flügel nicht stimmte. Er ging nach Hause und im Schuppen fand er ein Holzspan, den nutzte er als Schiene, wickelte einen Verband um das Tier und legte ihn vorsichtig in ein Nest von den Hühnern, das war schön gepolstert mit Heu. Dann überlegte er, was er dem verletzten Rabenvogel zu fressen geben sollte.

Er schnappte sich eine Schaufel und ging in den Garten seiner Eltern, grub ein Loch und fand ein paar Würmer, die er dem Raben brachte. Seiner Mutter erzähle er, was passiert war.

Sie lobte ihn. „Das hast du gut gemacht, mein Kind. Vergiss nicht, ihm noch etwas Wasser zu bringen, denn er hat sicher Durst."

Nach ein paar Tagen war der Rabe fast wieder gesund. Er lief Nick überall hinterher und seinen Namen «Rabi» verstand er sofort.

Rabi war nun der beste Freund von Nick.

Als der Junge eines Tages von der Schule nach Hause kam, saß Rabi auf dem wackeligen Tisch im Schuppen und flog ihm direkt auf die Schulter. Nick freute sich und fütterte ihn. Rabi nahm sogar kleine Fruchtstücke in den Schnabel, Birnen schmeckten ihm besonders gut.
Auch die Eltern waren erstaunt, wie gut es Rabi ging. Er war auch schon richtig gewachsen. Schlau war er zudem, denn sobald die Katze heranschlich, quakte er, so als wollte er sagen: „Hau ab, mich erwischst du nicht!"
Bald konnte Rabi richtig fliegen, er flog einfach der Sonne entgegen.
Nick erschrak sehr, denn er dachte, dass sein Freund nun für immer fort wäre.
Laut rief er: „Raaabiii, bitte komm zurück", und schon sah man einen schwarzen Punkt am blauen Himmel. Rabi kam angeflogen und setzte sich ohne Furcht auf seinen ausgestreckten Arm.
Nick ging dann mit dem Vogel in die Küche und ließ ihn an einer saftigen Birne picken.
So machten sie es von nun an täglich.
Aber eines Tages kam Rabi nicht, als Nick ihn rief. Die Mutter erklärte ihrem Sohn, dass Rabi sicher weiter weg sei, sich ganz bestimmt aber wieder zeigen würde.
So geschah es, dass eines Tages zwei Rabenvögel über dem Haus kreisten. Nick rief ihn. Rabi kam kurz zu ihm, er neigte sein Köpfchen hin und her, so als wollte er dem Jungen mitteilen, dass er nun selber eine Familie gründen würde.
Rabi flog noch einige Runden, als wollte er sich für alles bedanken, dann verschwand er mit seiner Vogelfreundin

fort, hoch hinaus in die Lüfte.
Aber es dauerte nicht sehr lange, da flog Rabi wieder herbei und wartete auf dem Birnenbaum im Garten auf seinen Freund. Seine `Kinder` waren nun sicher schon erwachsen und hatten das Nest verlassen.
Es war einfach schön, dass er Nick nicht vergessen hatte und seine Dankbarkeit zeigte, indem er immer wieder kam. Ihre wunderbare Freundschaft dauerte ein Leben lang.

Die schönste Zeit im Leben sind die kleinen Momente,
in denen du spürst,
du bist zur richtigen Zeit am richtigen Ort.

Autor unbekannt

Danksagung

Meiner geschätzten Lektorin Manuela Klumpjan und allen Mitarbeitern des Edition Paashaas Verlags entbiete ich meinen herzlichsten Dank.

Auch bedanke ich mich sehr herzlich bei allen meinen treuen Leserinnen und Lesern.

Ich hoffe, dass meine Geschichten euch ein Lächeln ins Gesicht gezaubert haben!

Über die Autorin

Die Autorin Raymonde Graber-Schiltz wurde im Jahr 1944 im Großherzogtum Luxemburg geboren, wo sie eine wunderschöne Jugendzeit verbrachte.

Der Liebe wegen reiste sie in die Schweiz. Zwei Jahre später heiratete sie und bekam einen Sohn. Das war der wundervollste Tag in ihrem Leben.

Das Leben hat es nicht immer gut mit ihr gemeint, aber sie verlor nie den Mut, die Hoffnung und den Glauben.
Sie lebt nun mit ihrem Lebenspartner in einem kleinen Ort mit Sicht auf den schönen Bodensee.

Mehr über die Autorin erfahren Sie hier:
https://www.facebook.com/RaymondeGraber

Von ihr außerdem im Edition Paashaas Verlag erschienen:

- Geschichte in Tierische Weihnachten
- Geschichte in Heiter bis verliebt
- Das Inserat
- Machenschaften - der 1. EPV-Roman
- Geschichte in Heiter bis sandig
- Die Schafzüchterin
- Geschichte in Heiter bis frostig
- Auch Oma war mal klein
- Lara
- John
- Text in Leuchtende Weihnachten 3
- Geschichte in Eher heiter als wolkig
- Anne und das Haus am See
- Geschichte in Heiter bis feierlich
- Geschichte in Heiter bis köstlich
- Glück mit Hindernissen

Viele weitere Infos und alle Bücher der Autorin
finden Sie auf
www.verlag-epv.de